Début d'une série de documents en couleur

UN

GROUPE DE RECUEILS CANONIQUES INÉDITS

DU X^{E} SIÈCLE

PAR

Paul FOURNIER

Correspondant de l'Institut,
Professeur à la Faculté de Droit de l'Université de Grenoble

PARIS
PICARD ET FILS, ÉDITEURS
82, rue Bonaparte, 82

GRENOBLE
ALLIER FRÈRES, IMPRIMEURS
26, Cours Saint-André, 26

1899

DU MÊME AUTEUR

MÉMOIRES POUR SERVIR A L'HISTOIRE DU DROIT CANONIQUE

DU VIIIe AU XIIe SIÈCLE

De l'influence de la collection irlandaise sur la formation des collections canoniques. Paris, 1899, in-8° (Extrait de la *Nouvelle Revue historique de Droit français et étranger*).

De l'origine des Fausses Décrétales. Paris, 1888, in-8° (Extrait de la même Revue et du *Compte rendu du Congrès scientifique international des Catholiques*, tenu à Paris en 1888).

Une forme particulière des Fausses Décrétales, d'après un manuscrit de la Grande-Chartreuse. Paris, 1886, in-8° (Extrait de la *Bibliothèque de l'École des Chartes*).

Notice sur le manuscrit H. 137 de l'École de Médecine de Montpellier (IXe-XIe siècles). Grenoble, 1897, in-8° (Extrait des *Annales de l'Université de Grenoble*).

Le premier manuel canonique de la Réforme du XIe siècle. Rome, 1894, in-8° (Extrait des *Mélanges d'Archéologie et d'Histoire de l'École française de Rome*).

La Collezione canonica del regesto di Farfa. Rome, 1894, in-8° (Extrait de l'*Archivio della R. Societa Romana di Storia patria*).

Le Liber Tarraconensis, étude sur une collection canonique du XIe siècle. Paris, 1895, in-8° (Extrait des *Mémoires Julien Havet*).

Les Collections canoniques attribuées à Yves de Chartres. Paris, 1897, in 8° (Extrait de la *Bibliothèque de l'École des Chartes*).

Yves de Chartres et le droit canonique. Paris, 1898, in-8° (Extrait de la *Revue des Questions historiques*).

Une Collection canonique italienne du commencement du XIIe siècle. Grenoble, 1894, in-8° (Extrait des *Annales de l'Enseignement supérieur de Grenoble*).

Deux questions controversées sur l'origine du Décret de Gratien : I. Gratien et Pierre Lombard ; II. La date du Décret de Gratien. Paris, 1898, in-8° (Extrait de la *Revue d'Histoire et de Littérature religieuses*).

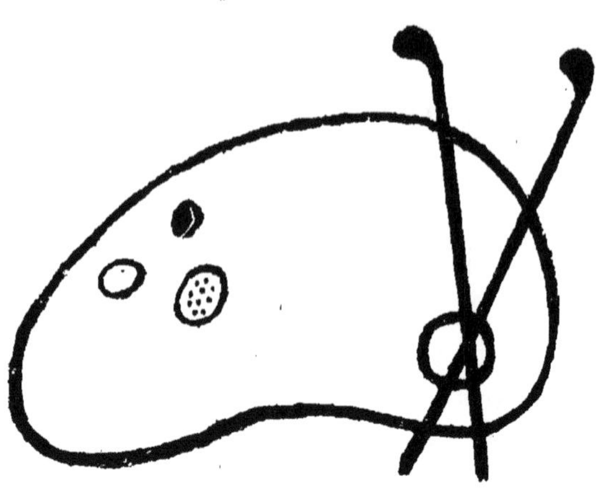

Fin d'une série de documents
en couleur

UN

GROUPE DE RECUEILS CANONIQUES INÉDITS

DU Xe SIÈCLE

PAR

Paul FOURNIER

Correspondant de l'Institut,

Professeur à la Faculté de Droit de l'Université de Grenoble.

GRENOBLE

IMPRIMERIE ALLIER FRÈRES

26, Cours Saint-André, 26

1899

Extrait des *Annales de l'Université de Grenoble*, t. XI, n° 2

UN GROUPE DE RECUEILS CANONIQUES INÉDITS

DU Xe SIÈCLE

(Troyes, 1406 ; *Bibliothèque Nationale, Latin 2449 ; Ambrosienne, A, 46, inf.*) [1]

L'objet de ce mémoire est de faire connaître trois recueils de textes canoniques dont l'origine remonte à la première moitié du xe siècle. Le premier est contenu dans un manuscrit qui, de la collection du président Bouhier, a passé dans la bibliothèque de la ville de Troyes. Le second provient de la collection de Le Tellier, archevêque de Reims, d'où il est venu à la bibliothèque du Roi. Enfin, le troisième, après avoir appartenu, dès le xive siècle, au monastère de Saint-Denis, de Milan, est, de nos jours, conservé à la bibliothèque Ambrosienne. D'après l'état actuel de nos connaissances, chacun de ces recueils n'existe qu'en un seul exemplaire. Deux d'entre eux appartiennent vraisemblablement à la région du Sud-Est de la France ; le troisième peut sans témérité être considéré comme ayant vu le jour dans le Nord de l'Italie.

Par les sources qui ont contribué à les former et par les préoccupations qui inspiraient leurs auteurs, ces trois recueils présentent un air de famille. D'ailleurs il existe des points de contact entre le premier et le second, comme entre le second et le troisième. C'est pourquoi j'ai cru pouvoir les rapprocher dans la présente étude.

---

[1] Les manuscrits de Troyes et de Paris m'ont été libéralement communiqués aux Archives départementales de l'Isère. Le manuscrit de Milan a été étudié par moi en 1892. Je dois quelques renseignements supplémentaires à l'obligeance de mes confrères, MM. Omont, Valois, Vernier et de M. l'abbé Ratti, docteur de l'Ambrosienne.

I

MANUSCRIT DE LA BIBLIOTHÈQUE DE TROYES, N° 1406

Le manuscrit 1406 de la bibliothèque publique de Troyes provient de la collection du président Bouhier. C'est un recueil d'écrits et de documents canoniques qui concernent principalement les élections épiscopales, les immunités judiciaires du clergé, les règles imposées aux Juifs et quelques autres préceptes chers aux réformateurs de la seconde moitié du IXe siècle. Il importe d'en faire connaître brièvement la composition :

I (fol. 1). — Collecta à Domno Floro ex sententiis antiquorum patrum. Sous ce titre, on trouve le court traité où Florus, le diacre de Lyon, s'efforce de montrer l'illégitimité de l'intervention des princes dans l'élection des évêques. Ce traité est imprimé depuis longtemps : il figure en tête du tome CXIX de la *Patrologia latina* (c. 11-14).

II (fol. 2, v°). — A la suite de l'œuvre de Florus figure un court mémoire sur des questions controversées qu'avait soulevées une élection épiscopale. Je crois devoir en donner intégralement le texte :

2. De comprovincialibus episcopis qui ad electionem et consecrationem metropolitani episcopi venire renuerint. Ex concilio Sardicensi : Licet comprovinciales episcopi invitati ad metropolitanum ordinandum adesse renuerint, devotione sedula canonica adimplevit sanctio que in Sardicensi concilio promulgata ità se

---

[1] Sur la feuille de garde du manuscrit se lit une note de Bouhier, relative à Florus de Lyon : De Floro vide Sigebert. *de scriptoribus ecclesiasticis*, cap. 92 et ibi Joan. Albert. Fabricium, qui de his collectaneis agit etiam Biblioth. Græc. vol. XI, tom. mihi XII, p. 88 ; et præcipue eruditam avi mei clar. Joannis Bouhier, senatoris Divionensis ad Jacobum Godofredum epistolam ineditam quæ penes me est. Hujus operis fragmentum ex codice S. Mariani Autissiodorensis edidit D. Lucas d'Achery, Spicileg., tome XII, page 48.

habet : « Si contigerit in una provincia in qua plurimi fuerint episcopi unum forte remanere episcopum et populi convenerint episcopos vicine provincie, debere illum prius convenire episcopum qui in ea provincia moratur et ostendere quod populi petant sibi rectorem, et Et hoc justum esse ut et ipsi veniant et cum ipso ordinent episcopum. Quod si conventus litteris tacuerit et dissimulaverit, nihilque rescripserit, satisfaciendum esse populis, veniant ex vicina provincia episcopi et ordinent episcopum [1]. » In quo capitulo tria quedam diligentius advertenda sunt : Primo, quod fideles populi pastoris morte destituti potestatem habeant ad ordinationem sui antistitis, si necesse fuerit, etiam alterius provincie episcopos evocandi ; secundo, quod ipse unus qui in provincia repertus fuerit, conventus ab illis et à populo ecclesie, necessitatem habeat obediendi ; tertio, si obedire dissimulaverit, officium ejus in aliene provincie episcopos legitime transfferendum, ne desiderium ecclésie cujuscumque humane inentionis obstaculo diutiùs differatur.

Obicitur etiam carissimo fratri nostro Augustudensi [2] episcopo quod eisdem diebus cum ego presbiter tantummodo adhuc existerem, illicite ordinatus sit. De qua re, quia loci mei necessitate compellor. hoc simpliciter dico. quia consultus ab episcopis respondi dicens : Quantum presbitero licet, concedo. Et tamen consideret prudenter et pie vestra Paternitas utrum post electionem ecclesie ad pontificalem honorem et susceptionem regiminis legitime collocati, non sicut unus ex ceteris ad alium titulum vel in discipulatum episcopi sed ad ipsam episcopalem sedem obtinendam atque regendam presbiter ordinatus, potuerim jam tunc in tali re habere aliquid auctoritatis ; presertim cum juxta beatum Paulum apostolum per multa annorum curricula in plerisque ecclesiis presbiteri episcopale munus impleverint, et idem episcopi qui presbiteri fuerint, sicut beatus Jeronimus in expositione epistole ad Titum evidenter ostendit dicens : « Ut constituas per civitates presbiteros sicut ego tibi disposui. Qui qualis presbiter debeat ordinari, in consequentibus disserens, hoc est sine crimine, unius uxoris vir, postea intulit : oportet episcopum sine crimine esse tamquam Dei dispensatorem, Idem est ergo presbiter qui episcopus. Et antequam diaboli instinctu studia in religione fierent communi presbiterorum consilio ecclesie gubernabantur. Postquam vero unusquisque eos quos babtizaverat suos putabat esse, non Christi, in toto orbe decretum est ut unus de presbiteris electus superponeretur ceteris, ad quem cura omnis ecclesie pertineret, et scismatum semina tollerentur. Hec propterea inquio ut ostenderem apud veteres eosdem fuisse presbiteros quos episcopos. Sicut ergo presbiteri sciunt se ecclesie consuetudine ei qui sibi prepositus fuerit esse subjectos, ita episcopi noverint se magis consuetudine quam dispositionis dominice veritate presbiteris esse majores [3]. » Si cui hec verba beati Jeronimi non satisfaciunt, relegat libellum quem nuncupant *Gesta Pontificum Romanorum,* et inveniet in eo, titulo LXII,

---

1 Cf. c. 5 du concile de Sardique, Manquent ces mots : « ille vero per negligentiam voluerit ordinare episcopum. »

2 Lire *Augustodunensi*.

3 Tout ce passage est tiré du commentaire de S. Jérôme sur l'épitre à Tite, ch. I, v° 5 et s.

ità scriptum : « Pelaius, natione Romanus, ex patre Johanne, sedit annis IIII, mensibus X, diebus XVIII ; et dum non esset episcopus qui eum ordinaret, inventi sunt duo episcopi, Johannes de Perusio et Bonus de Ferentino, et Andreas presbiter de Hostiis, et ordinaverunt eum pontificem [1]. »

Le mémoire dont est tiré cet extrait portait sur deux points :

1° A quelles conditions des évêques peuvent-ils intervenir dans une élection faite pour remplir un siège épiscopal d'une province ecclésiastique qui n'est pas la leur? Notre auteur a fait connaître les conditions qui légitiment cette pratique en se fondant sur le VIe canon de Sardique et sur un précédent rapporté par le *Liber Pontificalis*, à l'occasion de l'élection du pape Pélage Ier ;

2° La validité de l'élection d'un évêque d'Autun est contestée pour ce motif qu'au nombre de ceux qui y ont pris part figurait un évêque simplement élu ; ce personnage, qui nous renseigne lui même sur la question litigieuse, avait été ordonné prêtre afin qu'il reçût ensuite la consécration épiscopale, mais cette consécration ne lui avait pas encore été conférée. A ceux qui lui reprochent son intervention, il répond que s'il a adhéré à l'élection, c'est sous la réserve : *quantum presbitero licet*. Il ajoute qu'il n'y a pas de distinction essentielle entre l'épiscopat et la prêtrise, et développe à cette occasion, en invoquant un texte connu de saint Jérôme, une doctrine fort peu orthodoxe, puisqu'elle fait de l'épiscopat une institution exclusivement fondée sur le droit ecclésiastique.

Il me paraît qu'il s'agit, dans cette seconde partie du texte, des controverses soulevées à Autun par la double élection faite pour remplacer l'évêque Adalgaire, mort en 893[2]. Peut-être est-ce aussi à un incident de ces controverses que se réfère la première partie du texte. Si toutefois cette première partie ne concerne pas l'élection d'Autun,

---

[1] *Liber Pontificalis*, notice sur Pélage Ier, édition Duchesne, I, p. 303. Le chiffre de quatre ans pour la durée du pontificat est exact, mais n'est pas donné par tous les manuscrits.

[2] Sur cette controverse, voir Imbart de la Tour, *Les Élections épiscopales dans l'Église de France*, p. 217. Les renseignements sont fournis, d'ailleurs très sommairement, par Hugues de Flavigny (*Monumenta Germaniæ, Scriptores*, VIII, p. 356). Les deux rivaux furent Aquinus, prévôt de Flavigny, qui, d'après Hugues, aurait été l'élu du clergé et du peuple, et Walon, installé grâce à un coup de force de Richard, comte d'Autun, et de Manasses, comte de Dijon. Walon se maintint en possession du siège d'Autun et siégea en 894 au concile de Châlon.

on pourrait la rattacher à un autre événement, antérieur de quelques années, qui dut attirer l'attention des canonistes. Vers 887, le pape Étienne V ordonna à Aurélien, archevêque de Lyon, de prendre un ou deux évêques de sa province et d'aller consacrer un évêque de Bourges pour remplacer Frothaire, renvoyé à son ancien siège de Bordeaux[1]. En tout cas, le document dont le texte a été cité concerne des litiges soulevés par des élections épiscopales qui se produisirent aux environs de l'année 890 et qui excitèrent vivement l'intérêt du clergé de la région lyonnaise.

III. — Vient ensuite une série de canons[2] provenant de sources variées. Pour la plupart, ils ont trait aux élections épiscopales; quelques-uns se rapportent à la prescription et à ses applications en matière de droit ecclésiastique. L'auteur de cette série, d'ailleurs assez courte, l'a composée avec une grande négligence : ainsi il impute à saint Léon un texte de saint Célestin et un canon du IVe concile de Tolède, à saint Sirice un fragment du pape Symmaque;

---

[1] Hugues de Flavigny, *ibid.*; Cf. Jaffé-Wattenbach, no 3426, où est proposée, avec hésitation, la date de 887. Sur l'histoire de Frothaire et les débats auxquels donna lieu sa translation de Bordeaux à Bourges, voir Pariset, *de primordiis Bituricensis Primatiœ* (Nancy, 1896), p. 107 et s., et les textes qui y sont cités.

[2] Voici l'indication des textes qui ouvrent cette série :

Nicolaus papa in suis decretalibus, cap. IIII. Post mortem episcopi qui semel..... artabantur (Cf *Patrologia latina*, CXIX, c. 920).

Dicta Leonis papæ. Integritas presidentium salus est subditorum....... inquoata principio (Extrait de la lettre mentionnée par Jaffé-Wattenbach, no 410 : se trouve dans Denys et dans l'*Hispana*).

Suivent les textes de la *Dacheriana*, III, 27, et II, 32 (extrait de saint Léon, *nulla ratio sinit*, et 6e canon de Sardique). Puis le 17e canon d'Antioche (texte Dionysien) attribué par erreur au concile de Nicée ; le chapitre II de la dernière lettre de Sirice dans les Fausses Décrétales (Hinschius, p. 524) ; un fragment d'une lettre de saint Célestin, faussement attribué par notre manuscrit à saint Léon (*Primum ut juxta decreta...... collegium ;* Hinschius, p. 560.) Alors se place, attribué à saint Léon, un fragment, sur les conditions d'admission aux ordres et l'élection des évêques, qui est tiré du c. 18 du IVe concile de Tolède (Qui in servili..... elegerit ; Hinschius, p. 368). Viennent ensuite divers fragments reproduisant des canons ou des passages de Décrétales vraies ou fausses, qui se trouvent dans le faux Isidore. Chemin faisant on y rencontre d'autres textes, dont onze au moins proviennent de la *Dacheriana* (voir la note ci-dessous).

ainsi il a répété identiquement plusieurs textes, probablement sans s'en apercevoir.

J'ai remarqué, au cours de cette partie de notre recueil, plusieurs canons d'anciens conciles sous la forme Dionysienne et divers textes empruntés à l'*Hispana* et aux apocryphes du faux Isidore. On y reconnaît aussi un certain nombre de chapitres de la *Dacheriana*[1]. L'auteur a en outre inséré d'abord le chapitre IV de la lettre de Nicolas Ier à l'archevêque Arduic, de Besançon[2]; un peu plus loin, il reproduit cette lettre tout entière. Mentionnons enfin deux citations des Novelles de Justinien tirées de l'*Epitome Juliani*[3].

IV (fol. 13, v°). — Après ces textes, nous rencontrons une série tout entière consacrée aux canons qui réglementent la situation des Juifs et leurs relations avec les Chrétiens. Cette série est précédée d'un titre qui la résume exactement :

Capitula sacrorum canonum de fugiendis contagiis Judeorum et disciplina ergà eos exercenda.

	Laodicée,		c. 140		*Texte Dionysien.*	
	—		c. 141		—	
	Clermont	(535),	c. 6	Maassen,	*Concilia Aevi Merovingici,*	p. 67.
	Epaone	(5.7).	c. 15		—	p. 22.
	Agde	(506),	c. 40		*Hispana.*	
	Mâcon	(583),	c. 13	Maassen,	*op. cit.*,	p. 158.
	—	—	14		—	p. 158.
	—	—	15		—	p. 159.
	—	—	16		—	p. 159.
	Orléans	(538),	c. 33		—	p. 83.
	—	—	c. 36		—	p. 83.
IV.	Tolède	(633),	c. 58		*Hispana.*	
			c. 56[4]		—	
			c. 61		—	
			c. 57[5]		—	

[1] Dans une première série figurent : *Dacheriana*, III, 27 et II, 32 ; plus loin III, 150 ; 121 ; 111 ; 117 ; 115 ; 27 ; 21 ; II, 32 ; 36 ; 68 ; 70. (Cf. d'Achery, *Spicilegium*, éd. in-fol., I, p. 509 et s.).

[2] Jaffé-Wattenbach, 2787.

[3] Ed. Hænel, n° 336, p. 122, et n° 511, p. 166.

[4] Depuis ces mots : *Qui autem pridem.*

[5] Fin du canon, depuis *Dignum est.*

Il est à remarquer que tous les textes de cette série, sauf les cinq derniers, se retrouvent disposés, d'après un ordre un peu différent, dans le 73e chapitre du concile de Meaux de 845[1], chapitre très long qui est tout entier consacré aux Juifs. On ne peut méconnaître la parenté qui existe de ce chef entre ce texte et notre recueil.

V. — A la série des canons sur les Juifs, le compilateur en a adjoint une autre qui s'y rattache seulement par son titre et ses débuts. Elle s'ouvre en effet par ces mots (fol. 14, v°) :

Item Capitula legum in canonum (sic) *recepta de coertione Judeorum et de auctoritate ac firmitate judicii et testimonii episcoporum.*

En marge, on lit : *Hec à domino Floro viro prudenti collecta sunt ex lege et canone.*

C'est la courte collection canonique imprimée par d'Achery dans son *Spicilège* (XII, p. 48 ; 2e édition, I, p. 597) et réimprimée par Migne (CXIX, c. 419-422). Elle traite surtout des Juifs et des immunités du clergé.

VI. — Après un texte emprunté à l'*Herovalliana*[2], nous rencontrons (fol. 17) un certain nombre de textes sur ou plutôt contre les chorévêques. En voici l'indication :

1° Fausse décrétale de saint Léon, *Cum in Dei nomine....* (Hinschius, p. 628).
2° Benedictus Levita, III, 98.
3° Ancyre, c. 32, du texte de Denys, avec ces mots à la fin : aliquid agere.
4° Item quod non oporteat in villulis aut in agris episcopos constitui, sed visitatores. Verumtamen jam pridem constitutum est ut nichil faciant preter conscientiam episcopi civitatis; similiter et presbiteri preter consilium episcopi nihil agant. Si quis autem transgredi............ subjectus est. (Cette fin est empruntée au c. 78 d'Antioche, d'après le texte dionysien.)

---

[1] *Monumenta Germaniæ, Capitularia*, II, p. 418. Ce canon de Meaux paraît, d'ailleurs, tiré du traité d'Agobard, archevêque de Lyon, *de Judaicis superstitionibus, Patrologia latina*, CIV, c. 77.

[2] Irrita erit episcopi vel donatio...... c. 1 du titre XXXVIII ; *de rebus Ecclesie abstractis et contradictis.*

5° Item in cujusdam sapientis[1] dictis (Fragment tiré des œuvres d'Hincmar). Quidam episcopi etiam à longe precedentibus temporibus (scandalum) pro sua quiete et voluptatibus in ecclesiam intromiserunt, ordinantes, corepiscopos et eis que summis pontificibus conveniunt agere permittentes. Quos Apostolica Sedes sepius reprobavit et apostolico mucrone recidit, sicut in decretalibus eorum qui voluerit recensere inveniet. Inter quos Damasus papa de talibus dicit episcopis : « Illi, inquiunt, episcopi qui talia,.... liberius agat[2] ». Et alia que in suis locis lector invenire valebit.

A la suite de ces textes sur les chorévêques, on trouve deux fragments patristiques, le c. 17 du concile d'Ancyre et les c. 17 et 18 du concile d'Antioche, ceux-ci faussement attribués au concile de Nicée. Ces trois canons, tous trois relatifs à l'élection des évêques, sont donnés sous la forme qu'ils ont dans la *Dionysiana*[3].

VII. — La série suivante est entièrement composée de textes empruntés à la *Lex Romana Visigothorum*, qui se réfèrent à la matière des accusations. Le compilateur, dans la plupart des cas, a laissé le texte pour prendre l'*Interpretatio*. Voici l'énumération de ces fragments :

Ex Codice Theodosii. Imp. A.-Lib. VIIII.

Ultrà provincie terminos..,... Texte de la Constitution ; éd. Hænel, p. 170[4] :

Criminum discussio.	*Interpretatio*,	p. 170
Nisi scriptione celebrata.	—	—
Non credendum.	—	—
Quicumque alium de homicidii. . .	—	172
In criminalibus.	—	—
Ante scriptionem nemo.	—	—
Si servus dominum.	—	176

[1] Peut-être évita-t-on de nommer Hincmar parce qu'il s'était trouvé à plusieurs reprises en désaccord avec des personnages considérables du clergé de la région burgonde, dont, comme on le verra, notre manuscrit semble originaire.

[2] Texte de pseudo-Damase, dans Hinschius, p. 510-511. La citation tout entière est tirée de la lettre d'Hincmar *de translationibus episcoporum ; Opera*, II, p. 756 ; *Patrologia latina*, CXXVI, c. 225.

[3] Ils portent respectivement les nos 37, 95 et 96 dans l'édition de la *Dionysiana*.

[4] Pour ne pas prolonger ces citations, je n'ai pas reproduit les *inscriptiones* qui précèdent les textes, ni mentionné les variantes, d'ailleurs peu importantes, par lesquelles ce texte se distingue de celui de l'édition d'Hænel.

Liberti accusatoris	*Interpretatio*, p.	176
Judices qui inscriptione	—	198
Si quis penituerit	—	—
Si criminis accusator	—	200
Si quis iratus	—	170
Judex criminosum	—	204
Si quando	—	204
Si princeps	—	204
Pena illum tantum	—	204
Si quis pro crimine	—	206
Ecclesiæ ac loca	—	210

Le dernier texte de cette série reproduit une constitution de Valentinien III et Théodose II, réglant les droits de l'inventeur d'un trésor. Le texte donné par notre manuscrit (*Quicumque tesaurum*) est celui de l'*Epitome Lugdunensis*, tel qu'il est reproduit par Hænel, p. 219.

VIII. — Au fol. 22 v° s'ouvre une collection d'extraits dont l'immense majorité est tirée du recueil du faux Isidore[1].

On y rencontre d'abord 29 extraits de la première partie des Fausses Décrétales, depuis saint Clément jusqu'à Melchiade. Ces extraits sont rangés chronologiquement[2].

---

[1] Elle est précédée de ce fragment anonyme : Antiqua translatio de Caïn dicit : Nonne, si recte offeras, recte autem non dividas, peccasti ? Quiesce. Recte offertur Deo cui uni tantummodo sacrificandum est, non autem recte dividitur cum non discernuntur recte vel loca vel tempora oblationum, vel res ipse que offeruntur, vel qui offert, vel hii quibus ad vescendum distribuitur quod oblatum est, ut divionem (*sic* pour divisionem) hic discretionem intellegamus. Ideo Caïn munera non respexit Deus, quia hoc ipse male dividebat dans aliquid Deo, seipsum autem sibi (?). (Voir un passage à peu près identique dans le commentaire de Raban Maur sur la Genèse : *Patrologia latina*, CVII, c. 502 et 503.)

[2] Voici les premiers textes de cette série, sommairement indiqués :

Clemens, in prima suorum decretalium epistola.

In illis civitatibus ...			
...	transferri perdocuit,	Hinschius,	p. 39.
Homicidiorum vero	monstrantur,	—	p. 43.

Anacletus, in prima suorum decretalium epistola.

Si autem omnia	augmenta,	—	p. 69.
Scimus autem multos	justitiam,	—	p. 69.
Omnes enim oppressos	ecclesiam meam,	—	p. 74.

Viennent ensuite un extrait de la lettre de saint Athanase au pape saint Marc et deux lettres du pape Jules, qui sont tirés de la troisième partie de la collection isidorienne.

Puis l'ordre naturel de la collection semble fléchir. Elle revient en arrière pour citer un fragment du pape Calixte : *Si aliquis lapsus quoquomodo....*, puis le pseudo-concile de saint Silvestre (Hinschius, p. 449). Ici se présente la lettre apocryphe de saint Damase à saint Jérôme : *Dum multa....*; puis sont insérés quelques canons de conciles, fort peu nombreux, dont plusieurs proviennent d'ailleurs, non des Fausses Décrétales, mais de la collection de Denys. Après un fragment d'une décrétale de saint Léon (*Hoc itaque ammonitio nostra...*), reprend régulièrement la suite des extraits de la troisième partie du recueil d'Isidore, depuis le pontificat de Félix II jusqu'à celui de saint Léon. Alors on peut constater derechef un retour en arrière : le manuscrit donne ici quelques canons apocryphes de Nicée, l'un emprunté à une fausse décrétale du pape Jules (*Placuit ut accusatus....*)[1], les autres à une fausse décrétale de Félix II (c. 5, 9 et 19), et deux fragments du pape Damase. Vient enfin un fragment de l'apocryphe du pape Symmaque, sur l'obligation de remettre en possession les évêques violemment expulsés[2]. Ce fragment est brusquement interrompu, et le manuscrit s'arrête au haut du verso du feuillet 55.

Cujus supra in tertia suorum decretalium.
Accusatores autem et testes... non suspectus, Hinschius, p. 84.
Evarestus, in secunda suorum decretalium.
Sacerdotes vero vice.......... permaneat, — p. 90.
Audivimus enim quosdam..... terminandum, — p. 91.
Alexander, in prima suorum decretalium epistola.
Est etiam et hoc............. voluptatibus. — p. 95.
Relatum insuper............. fieri debet, — p. 95.
Ejusdem, in secunda suorum decretalium epistola.
Si quis autem............... probabitur, — p. 102.
Sixtus, in secunda suorum decretalium epistola.
Si quis vestrum pulsatus...... pessime. — p. 108.
Eleutherus... De accusationibus ergo....... predictum est. — p. 125.
Victor....... Ea vos judicare............. judicandum. — p. 128.

[1] Hinschius, p. 467.

[2] Nullos episcopos suis rebus expoliatos.... in statu quo fuerant. (Cf. Hinschius, p. 676.)

La collection comprend en tout quatre-vingt-trois chapitres, dont soixante-quinze environ proviennent de la compilation du faux Isidore : ces textes concernent les points importants de la réforme isidorienne, notamment les accusations des évêques et des clercs. Visiblement, nous avons affaire ici à un de ces très nombreux recueils d'extraits, tirés de l'œuvre du faux Isidore, qui ont vu le jour à la fin du IXe siècle ou au Xe siècle. Quoiqu'il présente quelques analogies de détail avec la collection dite de Remedius de Coire[1], qui est composée des mêmes éléments, notre recueil ne se confond pas avec cette collection, ni avec aucune de celles qu'il m'a été donné de rencontrer.

Si maintenant nous essayons de nous rendre compte de l'origine des textes réunis dans le manuscrit du président Bouhier, voici à quels résultats nous arrivons :

L'auteur de cette compilation utilise, directement ou indirectement, des sources variées, à savoir :

Parmi les sources canoniques :

- Les œuvres de Florus, diacre de Lyon;
- Un mémoire anonyme qui fait allusion à une élection épiscopale d'Autun;
- La *Dionysiana;*
- La *Dacheriana;*
- Les Fausses Décrétales;
- Le concile de Meaux de 845;
- L'*Herovalliana* (un extrait);
- Benoît le Diacre (un extrait);
- Hincmar (un extrait).

---

[1] Voir Kunstmann, *die Canonensammlung des Remedius von Chur* (Tübingen, in-8°, 1836). — Ayant comparé la collection du manuscrit de Bouhier à la collection dite de Remedius, j'ai constaté que les deux fragments tirés des Fausses Décrétales d'Évariste, qui figurent dans notre manuscrit sont reproduits exactement dans la collection de Remedius, où ils sont d'ailleurs accompagnés d'un troisième fragment. — Plusieurs chapitres commencent de la même manière dans l'une et l'autre collection, mais ne se terminent pas de même. Ces analogies me paraissent purement accidentelles.

Parmi les sources romaines :

La *Lex Romana Visigothorum ;*
L'*Epitome Lugdunensis* de cette loi (un extrait) ;
L'*Epitome* de Julien (deux extraits).

Les points principaux qui ont sollicité l'attention du rédacteur de cette compilation sont les suivants :

Assurer la liberté et la régularité des élections épiscopales ;

Assurer l'observation des règles de la discipline ecclésiastique sur le jugement des causes des évêques ; faire respecter l'immunité dont ils jouissent à l'endroit du for séculier ;

Réduire à des limites étroites l'action des chorévêques, sur lesquels des évêques, insouciants de leurs devoirs, se déchargent de leurs fonctions ;

Combattre l'influence des Juifs et parer aux dangers qui naissent pour les Chrétiens de leurs relations avec les Juifs.

La collection n'a pu être rédigée avant 893, date de l'élection épiscopale d'Autun, qui donna lieu au conflit auquel il est fait allusion dans le document cité plus haut. Ce document est d'ailleurs le plus récent de ceux qui sont utilisés dans notre recueil ; il n'est donc pas téméraire de penser que ce recueil a été rédigé vers l'an 900. Cette date convient bien aux caractères du manuscrit.

Divers indices permettent d'attribuer, avec une grande vraisemblance, ce recueil à la région lyonnaise. A deux reprises on y a inséré des œuvres de Florus de Lyon ; on y cite un mémoire dont la composition a été provoquée par un conflit survenu à Autun ; dans la suite de fragments tirés de la *Lex Romana Visigothorum*, il en est un qui provient, non du texte de la loi, mais d'un abrégé, et cet abrégé est l'*Epitome Lugdunensis.*

Il semble donc très probable que le recueil de Troyes est l'œuvre d'un partisan résolu de l'indépendance de l'Église et de la régularité des élections épiscopales, qui vivait vers l'an 900 dans la région lyonnaise.

II

MANUSCRIT DE LA BIBLIOTHÈQUE NATIONALE, LATIN, 2449

Le manuscrit de la Bibliothèque nationale, latin, 2449, provient de la collection de Le Tellier, archevêque de Reims ; il avait appartenu antérieurement à Charles de Montchal, archevêque de Toulouse [1]. C'est un recueil du xe siècle, transcrit par plusieurs mains : il renferme presque exclusivement des textes canoniques, dont voici l'analyse sommaire :

I. — Le recueil s'ouvre par la série des *Capitula* de l'évêque Isaac de Langres [2], mort en 880 (fol. 1-35).

II. — Sous ce titre : *Incipiunt quædam excepta ex decretis Apostolicorum*, on lit (fol. 36-41) une série de douze extraits pseudo-isidoriens ayant trait à la protection des évêques contre leurs persécuteurs et leurs accusateurs. La série des sept premiers se retrouve exactement dans le ve canon du concile tenu à Troslé, en 909, par les évêques de la province de Reims ; non seulement les extraits, mais les titres qui les accompagnent, sont identiques, si bien qu'il est impossible de méconnaître la parenté qui existe entre le canon de Troslé et cette partie de notre recueil [3]. Voici l'indication sommaire des cinq derniers fragments pour lesquels notre manuscrit se sépare du canon de Troslé :

---

[1] *Cod. LVI* du catalogue imprimé dans la *Bibliotheca bibliothecarum manuscripta* de Montfaucon (II, 896). Il porte le no 29 dans le catalogue de Letellier. Je dois ces observations à l'obligeance de mon érudit confrère M. Omont. — J'ai lieu de croire qu'avant d'appartenir à Montchal, ce manuscrit avait été la propriété d'un érudit mort au commencement du xviie siècle, Papyre-Masson. (Voir ci-dessous. pp. 368 et 369).

[2] Ce recueil est fait principalement d'apocryphes tirés de la collection de Benoit le Diacre. On le trouve dans Labbe-Coleti, *Concilia*, X, c. 30 et s.; *Patrologia latina*, CXXIV, c. 1075 et s.

[3] Cf. Labbe-Coleti, *Concilia*, XI, c. 742 et s.

Télesphore,	Episcopi et[1] sacerdotes.	suscipitur (Hinschius, p. 111).
Pie,	Oves pastorem.	efficitur (H., p. 117).
Pie,	Ad Sedem Apostolicam.	judicatur (H., p. 118).
Calixte,	Conspirationum vero.	potest (H., p. 138).
Pontien,	De sacerdotibus.	arceantur (H., p. 147).

Explicit.

III. — Au fol. 41, sous ce titre : *Capitula Niceni Concilii quædam*, se trouve au complet la série de pseudo-canons du concile de Nicée, qui figurent dans la fausse décrétale du pape Jules Ier [2]. Ces textes résument des principes bien connus en matière d'organisation ecclésiastique : juridiction du Pontife Romain dans les causes majeures, liberté du recours au Saint-Siège, action commune du métropolitain et des comprovinciaux dans les limites de la province, règles destinées à éviter les abus des accusations contre les évêques, application de la règle *spoliatus ante omnia restituendus* aux évêques accusés, etc.

IV. — Au fol. 43 commence une série de cinq pseudo-canons attribués aux conciles régionaux de Carthage, de Laodicée, d'Ancyre et de Tolède. Ces canons consacrent, en termes formels, le principe de l'immunité des évêques et des clercs à l'endroit des pouvoirs et des juridictions laïques, et menacent des peines les plus graves les violateurs de cette immunité. Je crois qu'il n'est pas inutile de reproduire ces textes, tout au moins peu connus, s'ils ne sont pas, comme je le pense, entièrement inédits :

Ex concilio Carthaginensi : Nulli layco liceat distrahere cujuslibet gradus clericum et in sua dominationis potestate subigere pro qualibetcumque causa vel crimine, sed ad examen et audientiam episcopi proprii cun(c)ta perferri ejusque synodali judicio omnia determinari. Quod si quis aliter quam statutum à sanctis conciliis venerabilium patrum habetur facere presumpserit et cujuslibet ordinis clericum ausu temerario per laicalem potentiam vi comprehensum sine proprii episcopi conscientia distringere vel disciplinare [3] temptaverit, hic sequestratus à totius Christianitatis

---

[1] *Episcopi* remplace *pontifices*, qui est l'expression du texte isidorien.

[2] Hinschius, pp. 467-471.

[3] Ce mot est employé dans le sens d'affliger. Voyez un exemple analogue dans un texte rapportant le miracle de la guérison, par sainte Geneviève, des malades souffrant du mal des ardents, en 1130; *Acta Sanctorum*, janvier, I, p. 151, col. 2.

consortio et a liminibus sante Dei ecclesie separatus, quinque annis in pane et aqua cilicio indutus peniteat ; sicque demum sexto anno si humiliando se cum lacrimis veniam postulaverit, societas ei bonorum reddatur hominum ad convescendum et colloquendum, et tunc septimo humiliter transacto ad mediam vitam penitudinis anno ecclesie communionique restituatur. Quod si contemptor factus superbiendo his jussionibus obedire noluerit, sit perpetuo anathemate eternaque maledictione dampnatus et ab omnibus omnipotentis Dei fidelibus execrandus, tam ipse quam omnes sequaces ejus et ei consentientes.

Ex concilio Laodicensi : Nulla potestas laycalis diaconum, presbiterum et episcopum presumat in sua judiciali potestate vel aliqua violentia seu arte comprehensum distringere vel quamlibet ei molestiam inferre, sed ad synodale referre studeat concilium si aliquid querendum cuilibet juste querele se habere putaverit. Quod si Dei sancteque Ecclesie extiterit contemptor, et per sue tirannidis potentiam cujuslibet gradus clericum custodie deputaverit et in aliquo leserit, et quod est turpissimum diabolico instynctu agitatus in episcopum manus mittere ausus fuerit, et de sua libera potestate eum auferens vinculis custodieque tradiderit et in aliquo dehonestaverit seu injuriis et contumeliis affecerit, hic omnibus diebus vite sue jugiter se penitentie submittat [1], arma nulla ferens, cilicio semper indutus ; carnem non commedat vinumque non bibat et ad secularem militiam numquam revertatur neque sequaces ejus eique consencientes, sicut sancti precipiunt canones ; uxorem non accipiat, et si habuerit dimittat ; peregrinus et exul effectus omnibus diebus vite sue, et numquam duobus diebus uno in loco sive una villa hospitetur, sed peregrinando semper deambulet, nisi gravissima infirmitate detineatur ut proficisci non possit ; et in ultimo ubicumque ei mors advenerit, à nullo fideli communio tribuatur illi, nisi ejulando et flendo dignam penitudinem se demonstraverit habere, neque mortuus sepeliatur, sed insepultus jaceat, avibus canibus ferisque cadaver ejus ad devorandum derelictum, quia ausu nefandissimo contemptor existens Spiritus sancti precipientis : Nolite, inquit, tangere Christos meos et in prophetis meis nolite malignari; et quis mittet manum suam in Christum Domini et innocens erit ? Et quia omnem justicie tramitem legesque christianas divinas mundanasque contempsit, conculcando nefandissimis pedibus sanctuaria Dei, ipsumque vicarium Christi [2] caput sue sancte Ecclesie custodie mancipando propria dignitate privare inmisericorditer ausus fuit, inmisericorditer et ipse ut Judas Scarioth Domini ac magistri sui traditor dampnationis sustineat penam cum suis omnibus.

---

[1] Tout ce passage peut avoir été inspiré par des textes dont l'indication suit :
C. 24 du concile de Mayence, de 847, *ibid.*, p. 182 ;
C. 5 et 55 du concile de Tribur, de 895, *ibid.*, pp. 217 et 242.
Pseudo-concile de Thionville, apocryphe postérieur à 895 ; Boretius, *Capitularia*, I, p. 359 et s. Sur cet apocryphe, cf. Seckel, dans *Neues Archiv*, XX, p. 335.
Bened. Levita, II, 90 et 98.

[2] Je crois que ces expressions doivent s'entendre de l'évêque et non du pape.

Ex concilio Anchirano[1] : Si quis episcopum in aliquo dehonestaverit vel vinculis astrictum custodie mancipaverit penisque variis inhonoraverit, hic ut Dei omnipotentis refuga totiusque religionis improbus profanator divinarum humanarumque legum contemptor omni societate pietatis remota sit alienus a cetu et consortio omnium christianorum et a liminibus sancte Dei Ecclesie segregatus et alienatus et corporis sanguinisque Christi communione privatus eternaque maledictione inrecuperabiliter dampnatus cum omnibus sibi consentientibus et perpetuo anathemate percussus, nisi digne reatum suum humillima satisfactione recognoscens ad Romanum perrexerit pontificem[2] ejusque judicio sententia determinetur penitudinis tanti sceleris.

Ex concilio Toletano : Si quis potentum aliquem[3] episcopum, quod dictu turpissimum factuque christianis horrendum est, vinculis astrictum custodie deputaverit et propriâ eum potestate privaverit, admoneatur ab homnibus comprovincialibus vel reliquis episcopis et metropolitanis ut in generali synodo rationem omnibus redditurus humillima se satisfactione presentet. Quod si facere renuerit, ab omnibus excommunicetur et perpetuo anathemate dampnetur, nulli cristiano participans, nullique ecclesiæ ultrà jam sociandus, omni sibi spe recuperandi ablata, usque dum ad Romanum pergat pontificem ejusque examine tam inmanissimum scelus definiatur.

Ex concilio Cartaginensi : Si quis de potentibus quemlibet episcopum vinxerit et custodie mancipaverit, admoneatur ab archiepiscopo et à reliquis suffraganeis ut ad eorum cuncta digne satisfaciendo generale concilium humiliter veniat. Quod si superbiendo venire contempserit, universorum mox scripta episcoporum ad invicem directa percurrant per omnes provinciarum episcopos quoscumque adire potuerint ut ab homnibus excommunicetur et a nullo recipiatur neque in colloquendo neque in aliquo participando, sitque ab omnibus inrecuperabilter abominatus eternaque maledictione damnatus, omnesque ei consentientes, donec cum omnium episcoporum maledictione et excommunicatione nudis pedibus Romam pergens domno Pape se presentet ejus examine judicandus[4].

---

[1] Le c. 4 du concile de Thionville commence par ces mots : Si quis episcopo insidias posuerit, comprehenderit, vel in aliquo dehonestaverit.......... *Capitularia*, (éd. Boretius), I, p. 361.

[2] Sur l'usage des pèlerinages des pénitents à Rome, au IXe et au Xe siècles, cf. Schmitz, *die Bussbücher und die Bussdisciplin der Kirche* (Mayence, 1883), p. 155.

[3] Il y a dans ce début un souvenir du c. 11 du premier concile de Tolède, qui traite d'un objet analogue.

[4] Je crois trouver dans ces trois derniers canons une ébauche de la théorie des cas réservés au Pape, que l'on ne fait guère dater que de la fin du Xe siècle (Cf. Thomassin, *Ancienne et nouvelle discipline de l'Église*, Partie I, livre II, chap. 13, et Hinschius, *Kirchenrecht*, IV, p. 102, et V, p. 361). Il est à remarquer que les textes authentiques du XIIe siècle font un cas réservé au Pape de la *violenta manuum injectio in clericum vel monachum*.

Il est impossible de lire ces apocryphes sans remarquer qu'ils sont inspirés par l'esprit de la réforme isidorienne. Non seulement ils sont destinés à mieux sanctionner l'immunité judiciaire des clercs et surtout des évêques, ce qui est une tendance caractéristique des Fausses Décrétales, mais ils supposent établie l'organisation chère au faux Isidore, qui place la direction de la province ecclésiastique entre les mains du métropolitain uni à ses suffragants. Toutefois, le style n'est pas celui des Fausses Décrétales; d'ailleurs l'usage que mentionne ce texte, à plusieurs reprises, d'imposer comme pénitences des pèlerinages à Rome, était peut-être plus répandu au xe siècle qu'au ixe[1]. Quant aux mesures prises par les chefs des églises pour protéger la personne des membres du clergé et les biens ecclésiastiques contre d'innombrables agressions, elles sont aussi très fréquentes aux environs de l'an 900 : voyez, par exemple, le 2e canon du concile de Vienne, en 892, et les canons 2, 4 et 20 du concile tenu à Tribur, en 895[2]. Évidemment les églises étaient alors en butte à d'innombrables actes de violence; leurs biens provoquaient d'ardentes convoitises. Nos apocryphes furent composés pour remédier à ce péril; aussi est-il très vraisemblable d'en placer l'origine à la fin du ixe siècle ou au commencement du xe. Au surplus, l'auteur inconnu qui les rédigea obéit à une pensée qui inspira plusieurs de ses contemporains : d'autres que lui, ou bien fabriquèrent des canons apocryphes qu'ils présentèrent comme des décisions des conciles de l'antiquité, ou imputèrent à ces conciles des canons bien plus modernes. Ainsi furent forgés, entre autres, les canons apocryphes d'Ancyre et d'Agde qui figurent dans le manuscrit IX, 32 de Saint-Pierre de Salzbourg, recueil du xe siècle minutieusement analysé par Philipps[3]. A cette épo-

---

[1] L'usage de ces pèlerinages se manifeste sous Nicolas Ier (858-867); le concile de Seligenstadt, en 1024, s'efforce de remédier aux abus qu'ils engendraient. Cf. Schmitz, *op. cit.*, pp. 155 et 156.

[2] Voyez encore les canons 4 et 5 d'un concile tenu à Rome vers 875 (Maassen, dans les *Sitzungsberichte* de l'Académie Impériale de Vienne, classe de philosophie et d'histoire, XCI, p. 780), et les canons 12, 13 et 24 du concile tenu à Altheim en 916 (*Monumenta Germaniæ, Constitutiones et Acta publica*, I, pp. 622 et s.).

[3] Le canon d'Ancyre se trouve au début de la IIe partie, qui s'ouvre au fol. 95; il forme le ch. II de la première série de cette partie. Les canons d'Agde en sont les ch. XIII et XIV. Voir l'analyse de ce manuscrit par Philipps, dans les *Sitzungsberichte*, de l'Académie impériale de Vienne, classe de philosophie et d'his-

que, par une aberration singulière, beaucoup d'hommes cultivés n'hésitent pas à attribuer à un législateur de l'antiquité des dispositions qu'eux-mêmes considèrent comme salutaires.

Cette disposition d'esprit était ancienne. Sans remonter jusqu'aux harangues des historiens latins, il est bon de rappeler que les commissaires nommés par Justinien pour rédiger les Pandectes et le Code laissèrent sous le nom des jurisconsultes classiques ou des empereurs du IIe et du IIIe siècle des fragments dont ils dénaturaient complètement le sens et le texte, en vertu du mandat officiel qu'ils avaient reçu. La même disposition persistait, plus forte que jamais, à l'époque carolingienne; ainsi s'explique la végétation d'apocryphes qui envahirent alors la législation ecclésiastique aussi bien que l'hagiographie. Pour apprécier sainement la moralité des auteurs de ces apocryphes, il est sage, je crois, de tenir quelque compte de ces habitudes fâcheuses qui, par leurs origines, se rattachent à l'antiquité.

V[1]. — A la suite de ces apocryphes se présentent quelques canons de conciles qui tous concernent les moines et les monastères. Ce sont:

Chalcédoine, c. 24 et c. 4 (texte Dionysien).

Agde, c. 22 et c. 38 (jusqu'à *coherceri*), tirés de la *Dacheriana*, III, 156 et 157.

Epaone, c. 9 (c. 10 de l'édition Maassen) : *Concilia Aevi Merovingici*, p. 21.

Orléans, c. 14 (Ier concile d'Orléans, c. 19, dans l'édition Maassen, p. 7 : s'arrête à *distrinxerit*).

VI. — Ici se place une série de canons concernant les Juifs et leurs relations avec les Chrétiens. Cette série ne se confond pas avec la série du manuscrit de Troyes précédemment étudié, ni avec la série des textes cités par le canon du concile de Meaux de 845, d'après Agobard; mais elle présente avec ces diverses séries des analogies frappantes.

---

toire, XLIV, pp. 437 et s. On peut citer encore les canons apocryphes de la même époque, signalés par V. Krause dans *Neues Archiv*, XVII, p. 297, 299, 303, 309, 322, et par M. Seckel, *ibid.*, XX, p. 309, et la fausse lettre de Nicolas Ier à l'archevêque de Mayence. Jaffé-Wattenbach, n° 2710.

[1] L'écriture change ; l'encre devient plus pâle.

De Judeis ex concilio Cartaginensi, cap. XXXIII. — Judaicis superstitionibus vel feriis inherentem a conventu ecclesiæ separandum.

Sous la rubrique : *Ex eodem concilio, cap. LVIII,* le c. 57 du IVe concile de Tolède.

Concile de Mâcon (583), 13, 15 et 16, depuis *Præsenti* (Cf. Maassen, pp. 158 et 159.)

Concile d'Agde, c. 40 (jusqu'à : judicantur immunda).

Puis : Si quis dixerit Judeo Ave, communicat operibus ejus malignis.

On lit ensuite : Ex concilio in urbe Regia celebrato.

Judei à die cene Domini usque in secunda sabbati per plateas incedere inter christianos atque catholicos populos se ullo loco quacumque occasione miscere non presumant. (Texte ressemblant au c. 33 du concile tenu à Orléans en 538 : Maassen, p. 83).

Viennent trois textes extraits du c. 9 du XIIe concile de Tolède, à savoir :

Item ex eodem concilio. — Ut omnis Judeus diebus dominicis ab opere cesset et ne christianus à Judeo quodcumque munus contra fidem Christi accipiat.

Item ex eodem concilio. — Ut Judeus ex aliis provinciis vel territoriis veniens episcopo loci se presentare non differat.

Item ex eodem concilio. — Ut cura omnis distringendi Judeos solis sacerdotibus debeatur.

Suivent trois fragments concernant les Juifs, tirés de l'*Epitome Aegidii,* abrégé de la *Lex Romana Visigothorum,* à savoir :

Si quis lege...	*Lex Romana Visigothorum*, éd. Hänel,	p. 250.
Si quis Judeorum christianum...	—	p. 250.
Non licere Judeum...	—	p. 258.

Explicit de Judeis.

On trouve ici une sorte de dialogue dont le sujet n'est nullement canonique. L'auteur s'efforce d'y opposer la voix de la raison aux critiques des *obtrectatores*, c'est-à-dire des gens malveillants de parti pris.

VII. — Le compilateur revient sans tarder au droit canonique. Du fol. 48 au fol. 53, nous trouvons une série de textes qui figurent tous dans les parties I, II et III du manuscrit de Troyes précédemment cité. Il me paraît certain que l'auteur de notre collection a rédigé cette série en faisant de copieux extraits dans un exemplaire du recueil de Troyes.

C'est ainsi que nous y constatons la présence :

D'abord de l'écrit de Florus sur la liberté des élections épiscopales (*Patrologia latina*, CXIX, c. 11-14) ;

Puis de l'écrit cité ci-dessus (p. 346), où sont discutées des objections élevées contre la validité d'une élection épiscopale. Cet écrit est ici moins complet que dans le manuscrit de Troyes : on y a supprimé toute la partie comprise entre les mots : *Objicitur etiam carissimo fratri nostro Augustodunensi episcopo*....., et les mots *episcopale munus impleverunt*, si bien que, d'après le manuscrit de Paris, on ne peut savoir qu'il s'agit d'une élection épiscopale d'Autun ;

Enfin, d'un certain nombre des canons et des fragments de décrétales qui, dans le manuscrit de Troyes, suivent le mémoire sur l'élection d'Autun, à commencer par le fragment de la lettre de Nicolas Ier à l'archevêque de Besançon, cité plus haut. Ces canons et fragments sont au nombre de quinze.

VIII (fol. 54, v°). — *Incipit de rebus ecclesie*. On trouve sous cette rubrique une collection de quatre chapitres, à savoir :

Sancitum est ut unicuique æcclesiæ unus mansus..... Ansegise, I, 85.

De partibus oblationum. Quattuor tam de reddito... (C'est la fameuse décrétale de Gélase, sur le partage des revenus des églises : Hinschius, p. 654.)

De precariis. Precariæ autem..... (Concile de Beauvais de 845 ; *Monumenta Germaniæ, Capitularia*, II, p. 404. Manque la dernière phrase sur le renouvellement quinquennal des concessions).

Item de nonis et decimis. Quicumque nonam et decimam ammonente.. ... adjutorium faciant (Ch. 8 de la série attribuée à saint Boniface : *Ex decretis Bonifatii legati*)[1].

IX. — Ici commence une autre collection sur les personnes qui figurent dans la procédure canonique à laquelle donnent lieu les accusations. Elle est précédée de ce titre : « *Incipit de modis accusatorum vel accusantium*. » Sur les vingt-cinq chapitres que comprend cette collection, vingt et un sont extraits des Fausses Décrétales ; trois paraissent provenir de la *Dacheriana* (II, 28, 24 et 5) ; on y trouve enfin le canon 8 du concile de Mâcon de 583. Cette collection figure aussi dans le manuscrit de Milan qui sera décrit ci-dessous.

Voici l'indication sommaire de ces fragments :

1. C. de Carthage. Irrita erit... confirmetur. *Dach.*, II. c. 28.

---

[1] Cf. Sdralek, *Kirchengeschichtliche Studien* (tome I, 2e fascicule), *Wolfenbüttler Fragmente*, p. 119.

2.	Calixte. Nullus doctor.	insidias ponat[1].	H., p. 136.
3.	— Querendum est in judicio.	agat accusationem.	p. 140.
4.	— Qui infamiæ maculis	penitentibus.	p. 140.
5.	Pontien. Accusandi non sunt.	arceantur.	p. 147.
6.	Fabien, Ipsi apostoli	litigare.	p. 162.
7.	— Oves accusare	presumeretur.	p. 165.
8.	— Nemo simul sit.	defensores et testes.	p. 165.
9.	Étienne. Qui sint infames	accusare.	p. 182.
10.	Eutychien. Omnibus quoque similiter. . .	patiuntur.	p. 212.
11.	Damase. Accusatores sacerdotum	provehi.	p. 503.
12.	— Vocatio ejus	non dubitatur.	p. 503.
13.	Étienne. Audivimus	inimici.	p. 184.
14.	Gaius. Si quis episcopus.	deportari[2].	p. 214.
15.	Concile de Mâcon. Nullus clericus ad judicem	multetur.	Maassen, p. 157.
16.	IV. Tolède. Inlicita præsumptio	extraneus.	H., p. 361.
17.	C. Africanum. Item placuit	non deneganda.	*Dach.*, II. 24.
18.	— Item placuit	admittatur.	*Ibid.*, II, 5.
19.	Damase. Accusatores vero.	consequi valeant.	H., p. 504.
20.	Fabien. Nullus umquam	atque testes.	p. 165.
21.	Felix II. Judices enim.	sententiam.	p. 490.
22.	Anaclet[3]. Accusatores vero et accusationes	innocentes.	p. 111.
23.	Calixte. Conjunctiones autem	consentientes.	p. 140.
24.	Pontien. Suspectos aut.	pereamus.	p. 149.
25.	Pélage. Omnes infames	submovemus.	p. 730.

X (fol. 60, v°). — Autre collection composée d'éléments analogues et portant aussi sur la procédure d'accusation. Elle se retrouve, comme la précédente, dans le manuscrit de Milan qui sera décrit plus bas.

Incipiunt capitula de epistolis apostolicis deflorata[4].

1.	Fabien. Deus ad hoc preordinavit . . .	reprehendendi.	Hinschius, p. 163.
2.	—	carent suis.	p. 165.
3.	— Si quis iratus.	patiatur.	p. 163.
4.	Eutychien. Cura pastorali	supplicii.	p. 211.
5.	— Nulli infami	impetere.	p. 211-212.

---

[1] La lettre H renvoie à Hinschius, *Decretales Pseudo-Isidorianæ*.

[2] Est conforme au texte du faux Isidore (éd. Hinschius) jusqu'à *non licere* et ajoute : *et sub magna excommunicatione exilio deportari*.

[3] Au lieu d'Anaclet, lire Télesphore.

[4] Le manuscrit de Milan dit *excepta*, et ajoute : *de modis accusationum*.

6.	Calixte[1]. Nulli absente	impedire solet.	H., p. 141.
7.	Concile de saint Silvestre. Ut nullus laicus. .	accusationem aliquam.	p. 449.
8.	— — — Summus presul. . .	nisi in ecclesia.	p. 449.
9.	Melchiade. Primo super omnia.	judicabimini.	p. 243.
10.	Eleuthère. Judicantem oportet	fiat.	p. 125-126.
11.	Evariste. Si qui sunt vituperatores. . .	extiterint.	p. 92.
12.	Damase. Tempus enim congruum . .	valeant.	p. 504.
13.	— Induciæ accusatis	audiri.	p. 505.

XI (fol. 63). — Sous le titre *Capitula Niceni concilii,* notre manuscrit reproduit la série (que l'on trouve plus haut, fol. 41) des pseudo-canons de Nicée insérés dans une décrétale apocryphe du pape Jules Ier (Hinschius, pp. 467 et s.).

Vient ensuite la série analogue de pseudo-canons de Nicée et de Rome, qui figure dans une fausse décrétale de Félix II (Hinschius, pp. 485 et s.). Mais cette seconde série, incomplète, ne comprend que les canons 1 à 10. Il est à remarquer qu'elle a trouvé place aussi dans le manuscrit de Milan.

Suivent, sans titre et sans *inscriptio,* quelques fragments du recueil de Benoît le Diacre, à savoir : I, 398 ; II, 345 ; III, 100 ; II, 315, et III, 224. Ces textes sont relatifs aux accusations et aux témoins.

Notre manuscrit répète ensuite les cinq canons apocryphes de Carthage, de Laodicée, d'Ancyre, de Tolède et de Carthage, qu'on y trouvait au fol. 43. Le texte en a été donné ci-desssus, pp. 358 et s.

Ces apocryphes sont suivis d'un document annexé à la lettre adressée par le concile de Savonnières (859) à l'archevêque de Sens, Wenilon[2]. Ce document contient les accusations dirigées contre l'archevêque, accompagnées des textes canoniques qui les justifient.

Alors reprend une série de textes pseudo-isidoriens[3] portant sur

---

[1] Le texte, au début, diffère de celui de l'édition d'Hinschius. On lit dans notre manuscrit : Nulli, absente accusato, per scripturam testimonium dicant. . .

[2] Voir le texte dans Labbe-Coleti, X, c. 122. Ce document commence par une citation du IIIe concile de Carthage, c. 7 : Quisquis episcoporum accusatur. . .

[3] Voici l'indication sommaire des premiers chapitres de cette série. *L'inscriptio* généralement employée est conforme à celle du premier chapitre : *ex decretis Alexandri papæ.*

Alexandre. Nulli, fratres, dubium. . . . . fratres in unum. H., p. 102.

les points capitaux de la réforme, obéissance due aux supérieurs ecclésiastiques, organisation de la hiérarchie et des jugements, qualités que doivent réunir les accusateurs, indépendance de l'Église à l'égard du pouvoir séculier, immunité judiciaire des évêques, appel au Saint-Siège, etc. Au cours de ces extraits, on rencontre (fol. 76) les *Capitula Angilramni*[1], suivis immédiatement des interrogations V et VI de saint Augustin de Canterbury avec les réponses de saint Grégoire[2] et du texte presque complet du long apocryphe de Pélage II à l'archevêque Bénigne, sur la translation des évêques[3].

On trouve alors une liste des diverses régions (Italie, Gaule, Afrique, etc.) et une liste des cités de la Gaule et d'autres contrées. Puis (fol. 86) les textes de Bened. Levita, III, 324, et II, 345, qu'on a déjà rencontrés plus haut; enfin Bened. Levita, I, 36.

XII. — L'écriture change (fol. 87, v°). Le manuscrit[4] donne le

---

Pie.	Si quis sacerdotum............	colloquia mala. H.,	p. 120.
Anicet.	Nulli archiepiscopi primates....	audiatur.	p. 121.
Zéphyrin.	Nullum namque eorum........	fulciatur.	pp. 131-132.
—	Nunciatum est sedi............	restituantur.	p. 133.
Calixte.	Quidquid reprehensibile........	non valeat.	p. 137.
—	Quisquis ergo non est legitime..	impedire solet.	pp. 140-141.
Fabien.	Similiter statutum............	permaneat.	p. 165.
Denys.	Crimina vero.................	non debetur.	p. 196.
Eutychien.	Nam in secularibus..	supplicii.	p. 211.
Gaius.	Nemo unquam episcopum.......	manifestatur.	p. 214.
Evariste.	Scitote, fratres, quod sacerdotes vice Christi................	in corde suo.	p. 90.
—	Audivimus enim quodam.......	pertractanda.	p. 91.

....

Plus loin, les citations sont empruntées à la troisième partie du recueil Isidorien, par exemple aux papes Horsmidas, Vigile, Pélage, etc.

[1] Manquent les quatre chapitres compris dans l'édition d'Hinschius entre les mots : *judicet aut puniat* et les mots: *Episcopi pontifici*. Cf. Hinschius, p. 768. Le texte s'arrête aux mots : *permiserit violandam* (Hinschius, p. 769).

[2] Hinschius, pp. 738 et 739.

[3] Reproduit depuis le début jusqu'à *intentione hoc faciunt* (Hinschius, pp. 725-729).

[4] Le concile de Vienne est précédé de trois textes de Benoît le Diacre : III, 224, et II, 345, qui figurent plus haut dans ce manuscrit (voir ci-dessus, p. 366) et I, 36.

texte des quatre canons du concile tenu à Vienne en 892. Le but de ces canons est d'assurer le respect des personnes et des biens du clergé et d'éviter l'ingérence des laïques dans le gouvernement ecclésiastique[1].

XIII. — Encore un changement d'écriture, et voici un sermon attribué par le manuscrit à saint Augustin. Il commence ainsi :

Qui non intrat per ostium in ovile ovium, sed ascendit aliunde, ille fur est et latro. Hoc intelligitur : ovile, sanctæ ecclesiæ ; oves, ecclesiæ plebs. Aliunde, id est qui non intrat per vocationem populi et per electionem fratrum, et per provi(di)tionem Christi, sed per præmium aut per vim parentum vel potestatum...

Ce sermon, qui occupe deux pages du manuscrit, ne se retrouve point parmi les sermons authentiques ou douteux du saint docteur. On comprend d'ailleurs la pensée qui inspire cette composition : c'est encore une arme destinée à combattre les évêques irrégulièrement nommés.

XIV. — Au fol. 89-98, on remarque une interpolation du XIIe siècle. Elle comprend des textes sur les Quatre-Temps qui se retrouvent dans la *Panormia* d'Yves de Chartres (II, 180 et 181) et dans le *Décret* de Gratien (D. 76, c. 2 et 3) ; il est bon toutefois de faire observer que le second texte n'est pas, comme il devrait l'être, imputé au concile de Seligenstadt, mais qu'il est précédé de la mention : *Ex decreto Gelasii pape*. L'auteur a ajouté des extraits de l'apocryphe de saint Grégoire à Félix, où il est traité de l'empêchement de parenté (fragments *Quod autem scripsi* et *Progeniem vero;* Hinschius, pp. 749 et 751). A la solution déduite de ce texte sur les effets de la *copula illicita*, il a opposé immédiatement un texte d'Urbain II : *Sentencia Urbani pape senciens contrà superiorem sentenciam*, qui n'est autre que la décrétale bien connue de ce pape à l'évêque saint Hugues de Grenoble[2].

---

[1] Labbe-Coleti, XI, c. 621. Ce texte a été d'abord édité par Baronius (Cf. Baronius-Pagi, édit. de Lucques. 1744, XV, p. 460) d'après le manuscrit de Papyre Masson, qui passa ensuite dans la bibliothèque de l'archevêque de Toulouse. Il semble bien que notre manuscrit, qui a appartenu à Montchal, soit celui de Papyre Masson. (Voir ci-dessous, p. 369, note 4.)

[2] Jaffé-Wattenbach, n° 5730 ; C, 35, Q. 2 et 3, c. 11.

Toutefois, le texte de cette décrétale présente ici une particularité. Il se continue et s'achève par ces mots, qui ne se retrouvent point ordinairement dans les collections contenant ce fragment : *Orantem pro nobis Fraternitatem tuam misericordia divina custodiat. Data Troie, XI kal. maii*[1].

Suivent un feuillet blanc (fol. 91), une série d'extraits[2] concernant la théologie et la morale, mais non le droit canon (fol. 92-98) et un autre feuillet blanc (fol. 99).

XV. — Alors reprend l'écriture du xe siècle. On trouve ici (fol. 100) les traités sur les ordinations du pape Formose publiés par Jean Morin, prêtre de l'Oratoire[3], d'après un manuscrit de Montchal, archevêque de Toulouse[4], et réimprimés dans la *Patrologia latina*, CXXIX, c. 1059 et s. Le premier traité est complet ; le second (dialogue d'*Infensor* et de *Defensor*) s'arrête au cours du chapitre xxxi, à ces mots : *ignorantia, quæ mater errorum est nocere minime possit. Illud namque* (*Patrologia latina*, CXXIX, c. 1100). Cette interruption coïncide avec la fin du fol. 131, v°, dans le manuscrit auquel évidemment ont été enlevés les feuillets contenant la seconde partie du chapitre xxxi et le chapitre xxxii et dernier du dialogue. Au premier rang des questions traitées dans ces textes, il faut placer celle de la validité des ordinations de Formose et celle de la translation des évêques.

---

[1] Cette mention, comme je l'ai montré ailleurs, nous amène à rapporter la lettre d'Urbain II à l'année 1093 (*Les collections canoniques attribuées à Yves de Chartres*, p. 33).

[2] Le morceau des fol. 92-98 commence par un commentaire sur le texte de l'Ecclésiaste (IV, 13) : « Melior est puer pauper et sapiens sene rege et stulto... » Il continue par un développement de cette pensée : « Sacrificium dictum quasi sacrum factum... » Et il se termine par un commentaire d'un autre passage de l'Ecclésiaste (V, 7) : « Si videris calumnias egenorum... » Je dois ces observations à l'obligeance de mon collègue et ami M. Noël Valois.

[3] *De sacris ordinationibus* (1695), Pars Ia, p. 282.

[4] Antérieurement Papyre Masson avait fait connaître à Baronius les sommaires du second de ces traités aissi que la lettre à l'évêque de Nole qui le précède (Baronius-Pagi, édit. de Lucques, 1744, XV, p. 485). Si l'on rapproche ce fait du fait signalé plus haut, p. 368, note 1, on est fort tenté de conclure que notre manuscrit est celui qui a été connu de Papyre Masson et sans doute lui a appartenu avant de passer dans la bibliothèque de Montchal.

XVI. — Au fol. 132, nous nous retrouvons au cours d'une courte série de textes pseudo-isidoriens. Les premiers textes de cette série devaient être transcrits sur les feuillets manquants. Les textes dont on peut constater la présence sont peu nombreux et sans grande importance ; ils sont accompagnés de quelques sentences tirées des Pères. Ensuite (fol. 134) se lit le texte suivant, écrit d'une autre main :

De æcclesiarum precariis. Statuimus et monemus quatenus lex per omnia de æcclesiarum precariis servetur canonica ut post quinquennium renoventur. Si vero expleto quinquennio renovate non fuerunt, censemus ut vigorem habeant nullum. Ideo talia decernimus quia nolumus ut res alienentur æcclesie nec priventur. Hoc capitulum in Nicena synodo relectum est, conlaudatum et confirmatum, demumque in diversis synodis et conciliis à sanctis Patribus est sollempniter roboratum.

XVII. — Aux fol. 134-135, figure un fragment ainsi intitulé : *De exordio vel interpretatione ac officio episcoporum seu qualiter ordinantur.*

Incipit : *Episcoporum ordo à Aaron auctore adolevit.*

Desinit (fol. 136) : *et post modum ex precepto archiepiscopi communicat omnem populum.*

XVIII. — Suit la lettre de Leidrade, archevêque de Lyon (799-814), à sa sœur, commençant par ces mots : *Cognoscere dignetur...* (*Patrologia latina,* XCIX, c. 884). C'est une lettre de condoléances.

XIX. — Au fol. 138 est transcrit la portion finale d'un récit d'un miracle de saint Étienne[1].

Enfin, au fol. 140, quatre vers terminent le manuscrit :

Pondere valde premor, geminis et fascibus ornor
Hos mihi qui supplent celorum gaudia captent.
Pontifices delubra sacrarunt quamlibet ista
Ara tamen digito fertur sacrata superno.

---

[1] Commence par ces mots : « Et accipiens posuit illud in lecticula, et valedicens episcopo ibat, et per totam noctem ymnus factus est... » Il est question d'esprits immondes qui sont chassés par l'intervention de saint Étienne.

Résumons les traits généraux de ce recueil, qui, comme on l'a déjà dit, est tout entier du xe siècle, sauf une courte interpolation postérieure :

L'auteur (j'emploie cette expression pour plus de simplicité, tout en reconnaissant que notre collection peut fort bien être l'œuvre de plusieurs personnes) s'intéressait évidemment aux points fondamentaux de la réforme que, de son temps, les membres zélés du clergé s'efforçaient de réaliser. Parmi les idées qui lui tiennent plus particulièrement à cœur, on peut citer :

1° L'indépendance du pouvoir spirituel à l'endroit du pouvoir séculier ;

2° La protection des évêques et des membres du clergé contre les violences et les mauvais traitements ;

3° La régularité et la liberté des élections épiscopales ;

4° L'immunité judiciaire du clergé ;

5° Le fonctionnement régulier de la procédure accusatoire telle qu'elle est organisée par les Fausses Décrétales : l'auteur insiste sur les garanties données aux évêques et aux clercs accusés, et sur les conditions que doivent réunir les personnes des accusateurs et des témoins ;

6° L'amoindrissement de l'influence des Juifs.

Enfin, il a inséré deux écrits importants suscités par les controverses qui s'élevèrent, au commencement du xe siècle, sur la validité des ordinations faites par le pape Formose et sur la légitimité de la pratique qui consistait à transférer un évêque d'un siège à un autre [1]. Il semble d'ailleurs favorable, comme les réformateurs pseudo-isidoriens, à la translation des évêques quand elle est justifiée par un intérêt grave.

Beaucoup des fragments cités dans ce recueil sont tirés des Fausses Décrétales. Parmi les autres collections qui ont fourni des matériaux il faut citer les *Capitula Angilramni*, le recueil de Benoît le Diacre, la *Dacheriana*, les Capitulaires d'Ansegise et les conciles du royaume franc. Nous avons constaté la présence de quelques apocryphes de

---

[1] C'est en vue du même objet que l'auteur du manuscrit a inséré l'apocryphe de Pélage II signalé plus haut, p. 367.

source inconnue, notamment de canons composés à l'époque carolingienne et attribués aux conciles de l'antiquité ; ces canons, dont le texte a été inséré ci-dessus, ont été rédigés en vue de punir plus sévèrement les attentats contre les évêques et les prêtres. Par les sources où il a puisé, aussi bien que par l'esprit qui l'anime, ce recueil se rattache au cycle canonique du faux Isidore.

Divers indices permettent de deviner la contrée où il a vu le jour. L'auteur a tiré parti de la collection du manuscrit de Troyes, qui paraît très vraisemblablement provenir de la région lyonnaise ; il en a extrait notamment un fragment important de Florus de Lyon. Il a admis dans sa collection les canons du concile de Vienne de 892 ; joignez à cela qu'on trouve dans le manuscrit une des trois lettres qui ont été conservées de l'archevêque de Lyon, Leidrade (799-814). On y lit aussi, avec les *Capitula* d'Isaac de Langres (859-880), qui était un suffragant de Lyon, un document important envoyé à l'archevêque de Sens par le concile de Savonnières ; or, l'archevêque de Lyon, Remy, ayant été particulièrement mêlé au procès intenté à l'archevêque de Sens devant le concile, ce document était vraisemblablement bien connu dans le pays lyonnais. Enfin, au cours des passages ajoutés au XIIe siècle se rencontre une décrétale adressée par Urbain II à l'évêque de Grenoble, saint Hugues. Or ce texte comprend un complément et une date qui manquent habituellement dans les collections canoniques où il est reproduit : il semble que le scribe qui l'a transcrit a dû le reproduire, non d'après d'autres recueils canoniques, mais d'après l'original. A l'époque de cette transcription, le manuscrit, sans doute, était conservé dans un pays peu éloigné de Grenoble. Pour ces divers motifs, il n'y a aucune témérité, je pense, à assigner la région lyonnaise ou viennoise comme patrie à notre manuscrit[1].

[1] La présence de textes destinés à diminuer l'influence des Juifs et à réglementer les rapports des Chrétiens avec eux s'explique fort bien dans le pays lyonnais. Là avaient pu se conserver les traditions de l'archevêque de Lyon, Agobard, qui composa, dans la première moitié du IXe siècle, divers écrits contre les Juifs. D'ailleurs, le fait que notre manuscrit a probablement appartenu à Papyre Masson donne une raison de plus de croire qu'il était originaire de la région lyonnaise. Papyre Masson s'est plus particulièrement occupé des antiquités ecclésiastiques de cette région à laquelle lui-même appartenait.

En somme, le recueil du manuscrit latin 2449 me semble l'œuvre d'un ou de plusieurs clercs qui, dans cette région, soutenaient la cause de l'indépendance de l'Église et de la réforme ecclésiastique, en même temps qu'ils s'intéressaient aux questions canoniques débattues au commencement du xe siècle.

Rapprochés l'un de l'autre, le recueil de Troyes et celui de la Bibliothèque nationale, qui viennent d'être analysés, marquent la trace d'un sérieux effort qui, vers le début du xe siècle, fut tenté dans la région du Sud-Est de la France pour rétablir à l'intérieur de l'Église l'ordre et la régularité, en même temps que pour sauvegarder son indépendance contre les convoitises et les violences des puissants du monde.

III

LE MANUSCRIT A, 46, INF. DE LA BIBLIOTHÈQUE AMBROSIENNE

Le manuscrit conservé à Milan sous la cote A, 46, inf., de la Bibliothèque Ambrosienne (158 feuillets, xe siècle) est l'unique exemplaire connu d'une collection composée en grande partie de textes canoniques et, pour le surplus, de textes concernant le droit séculier. Ce manuscrit a été jadis signalé par Muratori dans ses *Antiquitates Italicæ*[1]. De notre temps, M. Maassen lui a consacré quinze lignes avant d'en tirer quelques pages inédites d'un commentaire de Florus de Lyon sur plusieurs constitutions impériales comprises dans le recueil dit : *Constitutiones Sirmondicæ*[2]. Depuis lors, M. Conrat a fait connaître un extrait qui y est contenu, de l'*Epitome Ægidii*, abrégé

---

[1] III, p. 894. Muratori l'attribue au xie siècle, peut-être au xe.

[2] *Ein Commentar der Florus von Lyon zu einigen der sogenannten Sirmondischen Constitutionen*, dans les *Sitzungsberichte* de l'Académie impériale de Vienne, classe de philosophie et d'histoire, XCII, p. 303. M. Maassen indique sommairement les sources principales dont procède cette collection.

assez répandu de la *Lex Romana Visigothorum*[1]. Les éditeurs des Capitulaires dans la collection des *Monumenta Germaniæ*, MM. Boretius et Victor Krause, ont tenu compte du manuscrit de Milan qu'ils mentionnent en tête de leur second volume[2]. Plusieurs érudits italiens s'en sont occupés à propos, soit des capitulaires, soit de l'abrégé du Bréviaire d'Alaric[3]. Mais jamais ce manuscrit n'a été décrit dans son ensemble. C'est cette description que je voudrais présenter en bref dans le présent mémoire.

Les quinze premiers feuillets sont remplis par les tables des chapitres des diverses parties qui composent le recueil. L'ordre d'après lequel ces diverses parties se succèdent dans la table n'est pas celui qui est suivi dans le manuscrit; mais il est facile de rétablir la correspondance entre l'ordre de la table et celui du manuscrit. D'ailleurs, la table, où sont mentionnés avec leurs numéros les chapitres des diverses parties, permet de déterminer exactement la composition de chaque partie et, par conséquent, de reconnaître les textes qui doivent être considérés comme des hors-d'œuvre ajoutés après coup. Toutefois, je suivrai dans la description, non pas l'ordre de la table, mais l'ordre du manuscrit.

Pour mettre plus de clarté dans ces explications, je partagerai la collection de Milan en quatre parties. La première est un recueil exclusivement canonique qui est divisé en deux livres. Vient en second lieu un autre groupe canonique de deux livres étroitement liés par les matières dont il y est traité. En troisième lieu se trouve une collection tirée principalement des capitulaires ; elle contient, avec des préceptes canoniques, des préceptes de droit séculier. Enfin, la quatrième partie de la collection de Milan est faite de l'extrait de l'*Epitome Ægidii* (abrégé de la *Lex Romana Visigothorum*) qui est connu

[1] Conrat, *Geschichte der Quellen und Litteratur des römischen Rechts im früheren Mittelalter*, I, pp. 226 et s., et *Zeitschrift der Savigny-Stiftung, Germ. Abth.*, IX, p. 219.

[2] P. XVIII.

[3] Voir l'intéressant article de M. F. Patetta, *Il Breviario Alariciano in Italia*, dans l'*Archivio Giuridico*, XLVII, 1891. Il est question de notre manuscrit à la pp. 13 et s. Cf. Schupfer, *della legge Romana Udinese*, dans *les Atti della R. Academia dei Lincei*, série IV, t. III, Ire p., p. 78.

sous le nom de *Tituli legum;* quelques textes canoniques lui sont adjoints. Il convient de décrire sommairement chacune de ces parties[1] qui, réunies, forment une vaste encyclopédie juridique.

PREMIÈRE PARTIE

La collection en deux livres qui forme la première partie du recueil de Milan occupe, dans le manuscrit, les fol. 15 v° - 85 v°. Le premier des deux livres qui la composent comprend 185 chapitres ; le second en compte 209. A la fin de chaque livre, on remarque quelques additions sans grande importance. Il convient de signaler une lacune au début du second livre ; les feuillets contenant les chapitres 1 à 28 de ce livre ont disparu. Au fol. 48 de la pagination actuelle finit le premier livre ; en tête du fol. 49, on lit les derniers mots du ch. 28 du second livre ; ce livre se continue ensuite sans interruption jusqu'à son terme.

LIVRE Ier

Le premier livre[2] est consacré à l'élection, à la consécration et au transfert des évêques, à l'organisation de l'épiscopat et de la province

---

[1] Je n'étudierai pas les *Tituli legum* et me bornerai là-dessus à renvoyer le lecteur aux indications données par M. Conrat, *op. cit.*

[2] Voici le début de ce livre :

1. — Quales vel quam docti debeant ordinari episcopi. Ex concilio Carthaginensi, cap. I. Qui episcopus ordinandus est... constituerunt (tiré de la *Dacheriana*, III, 125, non de Cresconius).

2. — Qualiter consecrentur episcopi. Ex concilio quo supra, cap. II. Episcopus cum ordinatur.... tangant. *Dacheriana*, III. 126.

3. — De his qui ad episcopatum proveuntur, concilio Niceno, tit. IIII. Episcopum convenit......... episcopo. Cresconius, titre I, *Patrologia latina*, LXXXVIII, c. 832.

4. — De episcopalibus in provinciis ordinationibus, concilio Antiocheno, tit. XV. Episcopus preter synodum.... plurimorum. Cresconius, *ibid.*, c. 833.

5. — De episcopalibus ordinationibus. Ex concilio Laodicensi, capitulo XII. Ut episcopi judicio..... observari non posse — suite de quatre canons que le compila-

ecclésiastique, aux conciles régionaux et provinciaux, aux conditions que doivent réunir les candidats aux divers ordres sacrés, aux droits et aux devoirs respectifs des évêques et des clercs inférieurs ; on y fait connaître les règles principales de la vie cléricale. A partir du c. 151, le compilateur a réuni les préceptes relatifs au sacrifice eucharistique et au baptême.

La source qui a fourni le plus grand nombre de documents à notre compilateur est la *Concordia canonum* de Cresconius. Si l'on examine attentivement les chapitres 1-104, on peut estimer que 89 proviennent de cet ouvrage; plus loin. à propos du baptême, on rencontre encore une série de 14 fragments (171-184) tirés de la même source. Joignez-y quelques fragments épars dans d'autres parties du livre, notamment le c. 157 qui est évidemment tiré du titre V de Cresconius. Il y a dans ce livre au moins 105 fragments qui ont été tirés de la *Concordia canonum*.

---

teur a placés sous la même rubrique. — C'est le c. 12 de Laodicée et les trois canons qui le suivent immédiatement dans Cresconius, tit. I, c. 833.

6. — Item de hoc ipso, ex concilio Africano, quot episcopi debeant addi. Si de ordinatione.... Sed et illud..... satis placet. Cresconius, tit. I, c. 834.

7. — Ut neophiti non ordinentur, concilio Niceno, tit. II. Quoniam plura..... periclitabuntur. Cresconius, tit. IV, c. 838-839.

8. — Le canon suivant de Cresconius.

9. — Les deux canons suivants de Cresconius.

10. — Le canon suivant de Cresconius.

Ici du titre IV de Cresconius on passe au titre XXXVIII, dont on rencontre les chapitres 2 et 3 (nos 11 et 12).

Puis Cresconius,	titre	CLI, chapitre unique,		no 13	du manuscrit.
—	—	CLII,	—	no 14	—
—	—	CLXIV, dernier chap.,		no 15	—
—	—	CCIX, chap. unique,		no 16	—
—	—	CCXVIII, chap. 1,		no 17	—
—	—	CCXXVIII, chap. 1,		no 18	—
—	—	CCXXVIII, chap. 3,		no 19	—
—	—	CCXXVIII, chap. 4,		no 20	—
—	—	CCLX, chap. unique,		no 21	—
—	—	CCLXX,	—	no 22	—
Collection dite de Remedius de Coire,			c. 11,	no 23	—
	—		c. 36,	no 24	—
	—		c. 58,	no 25	—

. . . .

En outre, le compilateur a puisé largement dans la *Dacheriana*, surtout dans le IIIe livre de cette collection. Le gros de ces emprunts se retrouve entre le ch. 105 et le ch. 150 ; on y compte 43 chapitres du IIIe livre de la *Dacheriana*, disposés suivant l'ordre d'après lequel ils figurent dans cette collection [1]. Il en est d'autres qui ont été insérés dans d'autres parties de notre Ier livre ; ils proviennent non seulement du IIIe livre, mais aussi (c'est le cas d'un petit nombre de textes) du IIe livre de la *Dacheriana* [2]. On peut estimer que le compilateur a tiré de la *Dacheriana* une cinquantaine de fragments pour les ranger dans le Ier livre de sa collection.

Il faut remarquer encore dans ce Ier livre deux fragments tirés des Capitulaires; ce sont les ch. 83 et 84, *De ordinatione servorum* et *de presbiteris constituendis*, que l'on retrouve respectivement dans le Ier livre des Capitulaires d'Ansegise [3], 82 et 83. Enfin, on y rencontre un certain nombre de fragments incontestablement tirés des Fausses Décrétales et, en particulier, la lettre apocryphe de Damase sur les chorévêques *(de vana superstitione chorepiscoporum)* qui y figure tout entière sous le no 105. Tous les autres textes pseudo-isidoriens contenus dans ce livre (j'en ai reconnu vingt) se trouvent aussi dans un recueil d'extraits de l'œuvre d'Isidore qui a jadis été publié par Kunstmann et attribué sans raison suffisante à l'évêque Remedius de Coire [4].

---

1 *Dacheriana* III, 4-8 ; 11 ; 12 ; 14 ; 19 ; 20 ; 23 ; 25 ; 32 ; 55 ; 60 ; 68 ; 71 ; 79-82 ; 85 ; 86 ; 91 ; 93 ; 94 ; 96 ; 97 ; 99 ; 101 ; 102 ; 106-108 ; 111. Ici sont inscrits deux fragments d'une autre source ; puis 146, 154, 156 et 157 et, après deux fragments (Remedius de Coire, 4 et 5), 158.

2 J'ai déjà cité *Dacheriana* III, 125 et 126 (voir ci-dessus, p. 375, note 2). Ajoutez II, 62 ; 52 ; III, 49 ; 150 ; II, 98 ; III, 113, qui sont disséminés dans ce livre.

3 Pour la commodité de l'exposé, je citerai ce recueil sous le nom de Remedius, quoiqu'il ne lui appartienne pas. J'ai déjà signalé (voir ci-dessus, p. 376, note) les chap. 11, 36 et 58 de Remedius. On rencontre encore les chap. 59, 31, 45, 18, 51, qui sont disséminés, et à partir du chap. 148 du recueil (après la grande série tirée de la *Dacheriana*), les chap. 4, 5, 1, 2, 27, 37, 3, 9, de Remedius. Vient un fragment tiré de Cresconius, puis le chap. 23 de Remedius ; un peu plus loin, Remedius 6, 50, 63, 7, 8, 38, 52....26.

4 Kunstmann, *die Canonensammlung des Remedius von Chur* (Tübingen, 1836) ; on retrouvera ce texte dans la *Patrologia latina*, CII, c. 1093-1113. Sur les manuscrits de cette collection, voir Sdralek, dans l'*Archiv für katholisches Kirchenrecht*, XLVII (1882), pp. 184 et s.

En somme, des 185 fragments[1] qui constituent ce livre, 105 environ proviennent de Cresconius, 48 de la *Dacheriana,* 25 de la collection dite de Remedius de Coire ou d'une collection analogue, 2 des Capitulaires carolingiens. L'origine de quelques chapitres n'a pu être établie ; mais ils ne diffèrent point par leur nature de ceux dont l'identification a été possible.

Il est difficile de savoir si le compilateur a voulu ranger ces divers éléments d'après un ordre méthodique. Vraisemblablement il en a eu d'abord la prétention ; c'est ce qui explique qu'il a bouleversé l'ordre d'après lequel les fragments se présentaient à lui dans le recueil de Cresconius. Mais cette bonne intention n'a pas duré ; après avoir compulsé Cresconius, l'auteur a consulté la *Dacheriana* dont il s'est borné à tirer des fragments qu'il a pour la plupart laissés en groupe d'après le rang qu'ils occupaient dans cette collection. En agissant ainsi, notre auteur renonçait à toute prétention à l'ordre logique; en fait, son œuvre ne se distingue en aucune façon par la méthode. Au moins, peut-on lui savoir gré d'avoir réuni dans la dernière partie du Ier livre (c. 151 et s.) les textes relatifs à l'Eucharistie et au baptême. En général, chacun des chapitres ne comprend qu'un texte. C'est tout à fait par exception (et ces exceptions sont extrêmement rares) que plusieurs textes sont réunis sous le même chapitre ; ainsi le c. 103 comprend les c. 41, 42 et 43 du concile de Laodicée.

LIVRE II

Le second livre de notre collection comprend 209 chapitres. Les chapitres 1 à 28 manquent, comme on l'a indiqué plus haut ; mais

[1] Le chap. 26 de Remedius (*de aqua sancta aspergenda,* tiré de pseudo Alexandre) est le dernier (ch. 185) de notre livre. Ensuite on rencontre deux additions ajoutées à une époque assez voisine de la confection du manuscrit. L'une, intitulée : *Decretum beati Gregorii pape,* est un apocryphe commençant par ces mots : Episcopus missam celebrare debet in ordinatione presbiteri et abbas similiter... et finissant par ceux-ci : juxta constitutum CCC, X et VIII patrum. (Se rapproche du début des *Capitula Theodori,* publiés par d'Achery et réimprimés par Wasserschleben, *die Bussordnungen,* p. 145). L'autre est un fragment pseudo-isidorien : « Haec vero sacrosancta Romana ecclesia..... Ignatium episcopum constituit ». (Hinschius, p. 83.)

grâce aux sommaires reproduits dans l'index placé en tête du manuscrit, il est possible au lecteur de se faire une idée des préceptes canoniques transcrits sur les feuillets qui ont disparu[1].

Ce livre peut être décomposé en deux divisions, car il est tout entier consacré à deux objets qui y sont traités séparément. Du chapitre 1 au chapitre 149, l'auteur a réuni les textes relatifs aux accusations contre les évêques et les clercs, aux jugements de leurs causes, au privilège qu'ils revendiquent d'échapper à la juridiction des tribunaux séculiers. La seconde division du livre (depuis le chapitre 150 jusqu'à la fin) contient les textes relatifs au gouvernement des biens ecclésiastiques, à leur inaliénabilité et au respect qui leur est dû.

Ire DIVISION

La première division peut être elle-même subdivisée en deux sections, à savoir : du chapitre 1 au chapitre 113 et du chapitre 114 au

[1] Voici les sommaires des chapitres 1 à 5 :

1. De accusatione sacerdotum (Remedius, 12).
2. De querimonia contrà sacerdotes (Remedius, 13).
3. De his qui prelatos contemmunt (Remedius, 15).
4. De his qui doctorum culpas produnt (Remedius, 17).
5. De reprobis moribus pastorum non tolerandis (Remedius, 17).

J'ai lieu de penser, d'après les sommaires, qu'on lisait ensuite les chapitres 19, 20, 21, 22, 25, 26, 40 et 43 de la collection dite de Remedius de Coire (chap. 6 à 13). Puis venaient deux fragments de capitulaires, *de purgatione sacerdotum*, peut-être Bened. Levita, I, 36 et III, 281 (chap. 14 et 15). Alors s'ouvrait (chap. 16) une autre série d'extraits pseudo-isidoriens qui semble n'avoir rien de commun avec la collection dite de Remedius ; elle portait surtout sur les accusations.

Le fol. 49, où commence le texte de notre second titre, s'ouvre au cours du 29e chapitre, qui finit par ces mots : *gratia depravati ;* c'est un fragment d'un canon du IIIe concile de Carthage, qui forme le c. 15 de la série africaine du *Codex canonum*, de Denys.

Le premier texte qui figure en entier dans le texte (fol. 49, 2°) est le c. 21 du concile de Chalcédoine dans la version dionysienne : Clericos aut laicos accusantes..... (Cf. *Dacheriana*, II, 24). Suivent deux fragments des Fausses Décrétales, l'un de Pontien *(De sacerdotibus autem Domini,.... arceantur)*, l'autre de Sixte III *(Nec mirum, karissimi....... vident)*, tous deux sur les accusations. (Hinschius, pp. 147 et 562). Viennent ensuite les textes tirés de l'*Herovalliana*, cités ci-dessous, p. 381.

chapitre 149. A la différence de la première, la seconde est entièrement empruntée aux recueils pseudo-isidoriens ; elle présente d'ailleurs une analogie frappante avec une partie du manuscrit de Paris étudié ci-dessus.

Ire **Section** (ch. 1-113).

Il importe en premier lieu de faire remarquer que beaucoup d'éléments de cette section sont tirés des sources que l'auteur a déjà mises à contribution dans son livre Ier. On y trouve, en effet, nombre de chapitres empruntés à Cresconius (ce sont, d'après l'ordre de notre manuscrit, les chapitres 86 à 95 et deux des fragments contenus dans le chapitre 113 [1], l'un des rares chapitres qui contiennent plusieurs fragments). De même, le livre II de la *Dacheriana* a fourni son contingent, comme l'attestent les chapitres 80 à 85 [2] et l'un des fragments du chapitre 113 [3]. En outre, on reconnaît dans notre section nombre de fragments tirés de la collection pseudo-isidorienne dite de Remedius de Coire et rangés sous les numéros 1-15, 97-111 ; l'un des fragments du chapitre 113 appartient aussi à cette catégorie [4].

L'auteur a aussi consulté des sources nouvelles où il a puisé largement. En voici l'indication succincte :

Tout d'abord, il faut signaler la présence, sous le no 96, de la célèbre lettre d'Isidore de Séville *ad Masonem episcopum, de restauratione graduum clericorum post lapsum* [5], tant de fois citée au Moyen Age au cours des controverses sur le traitement à infliger aux clercs *lapsi*. On sait que ce document était invoqué en faveur de la discipline la moins sévère. En outre, notre auteur a tiré parti de la collection canonique du VIIIe siècle connue sous le nom de *Herovalliana ;* les

---

[1] Ils proviennent des titres 143, 144, 148, 205 et 1 du recueil de Cresconius.

[2] *Dacheriana*, II, 34 ; 30 ; 39 ; 43 ; 45 ; 46.

[3] *Dacheriana*, III, 12.

[4] On a indiqué plus haut (p. 379, note 1) les fragments de Remedius qui forment les premiers chapitres de notre livre II. Voici ceux de la série 97-111 : Remedius, 46 ; 54 à 57 ; 59 à 61 ; 65 ; 72 ; 77. Ici se place le canon 7me de Sardique ; puis Remedius, 39 et 73. Enfin on trouve en tête du ch. 113 de notre recueil le ch. 64 de Remedius.

[5] *Patrologia latina*, LXXXIII, c. 899.

chapitres 34 à 50 sont fournis par les titres XL et XXXIX de l'*Herovalliana*[1]. Il a fait un large extrait de l'œuvre où le diacre Florus de Lyon a cité, en les commentant, divers passages des *Constitutiones Sirmondicæ*, qu'il invoquait au profit du privilège du for, contesté de son temps aux membres du clergé : ce sont précisément ces textes (chapitres 60 à 65 du recueil de Milan) qui ont été mis au jour par M. Maassen, d'après notre manuscrit[2], et qui ont été reproduits par M. Caillemer[3]. On peut reconnaître encore parmi les textes de cette section, sous les numéros 66 à 76 et 98, des passages de Benoît le Diacre ; la plupart concernent la juridiction ecclésiastique dont il importe de soutenir les droits[4]. Sous les numéros 16 à 24, 31 et 32, figurent des extraits des Fausses Décrétales, sur les accusations ; ces extraits sont étrangers à la série dite de Remedius de Coire[5]. Enfin, en tête du chapitre 112, passage tiré de pseudo-Anaclet (*Privilegia*

---

[1] Dans la collection *Herovalliana*, le titre XL traite : *de episcopo vel clericis accusatis et accusatoribus eorum* ; le titre XXXIX, *de clericis qui ad secularе judicium convolant*. La très-grande majorité des textes contenus dans ces deux titres a passé dans notre collection.

[2] *Sitzungsberichte* de l'Académie impériale de Vienne, classe de philosophie et d'histoire, XCII, p. 301 et s.

[3] E. Caillemer, *Florus et Moduin*, Lyon, 1882. Extrait du tome XXI des *Mémoires* de l'Académie de Lyon, classe des lettres. — Le texte de Milan y est rapproché du texte d'Auxerre.

[4]

C. 67 du manuscrit.	Ben. Lev.,	III, 102.
68	—	109.
69	—	178.
70	—	I, 315.
71	—	I, 322.
72	—	I, 319.
73	—	III, 441.
74	—	I, 402.
75	—	II, 366.
76	—	I, 403.
77	—	III, 478.
98	—	*Additio* IV, c. 6, jusqu'à *mansit*.

Ce dernier texte qui concerne les *lapsi*, provient originairement de la lettre 185 de saint Augustin (édition des Bénédictins). Cf. Gratien, D. 50, c. 25.

[5] Les ch. 16-24 appartenant à la partie qui manque dans le manuscrit, ils ne nous sont connus que par les sommaires qui se trouvent à l'index. Les ch. 31 et 32 sont les textes de Pontien et de Sixte III indiqués ci-dessus, p. 379, note 1.

enim ecclesiarum... occidere; Hinschius, pp. 73-74), et rédigé en vue de la défense des immunités ecclésiastiques en matière de juridiction, l'auteur de notre collection a inséré quelques lignes identiques à celles qu'Hincmar, dans son traité sur les devoirs des évêques, a placées en tête d'une autre citation tirée de la même lettre apocryphe[1]. Nous devons en conclure, ce me semble, que notre compilateur connaissait les écrits d'Hincmar; cette conclusion se dégagera, d'ailleurs, plus nettement d'une observation ultérieure.

Telles sont les sources[2] dont j'ai pu constater l'emploi dans cette première section.

IIe Section (ch. 114-149).

Entre le chapitre 113 et le chapitre 114, le lecteur rencontre un titre : *Incipit de modis accusatorum vel accusantium.* Suit une collection de 24 chapitres, pour la plupart pseudo-isidoriens, consacrée à rappeler les règles du droit ecclésiastique relatives aux personnes des accusateurs et des accusés ; elle comprend dans notre manuscrit les chapitres 134-137. C'est la série qui figure dans le manuscrit latin de la Bibliothèque Nationale 2449 ; l'analyse en ayant été donnée plus haut (p. 364), je me borne à y renvoyer le lecteur. Il n'est pas inutile de faire remarquer qu'à la collection de Milan manquent deux

---

[1] Sanctus Anacletus papa ab ipsi beato Petro presbiter ordinatus, postea in sede Romana successor illius factus episcopus, cum totius mundi sacerdotibus judicavit : Qui abstulerit, etc. Cf. *Patrologia latina*, CXXV, c. 1088.

[2] On y trouve aussi quelques canons de conciles connus que je n'ose rattacher à aucun recueil en particulier. Citons encore :

53. Ex synodo Lugdunensis ecclesiæ. Dominus in Evangelio ait : Si quis voluerit in judicio tecum...... compellimur.

54. Apostolus ait ad Timotheum : Nemo militans Deo..... liceat implicari.

55. Item ad eumdem. Servum autem Dei non oportet litigare... ingreditur.

56. Item ad Corinth. I. Injuria et fraus potius toleranda.... occupari.

Enfin, je crois utile de signaler un texte qui a été ajouté à la fin de cette section, d'une écriture postérieure; il contient une décision imputée au concile de Nicée : Episcopus missam celebrare debet in ordinatione presbiteri, et abbas....... juxta constitutum CCC, X et VIII patrum. (Cf. les *capitula Theodori*, c. 1 et s. dans Wasserschleben, *die Bussordnungen*, p. 145. Ce texte a déjà été mentionné ci-dessus (p. 378, note 1) comme figurant à la fin du Ier livre.

chapitres qui figurent dans la collection de Paris, à savoir : le canon 8 du concile de Mâcon et le canon 21 du concile de Chalcédoine, texte dionysien (*Dacheriana*, II, 24). En outre, on ne retrouve pas ici l'addition signalée, dans le manuscrit de Paris, au texte du pseudo-Gaius : *et sub magna excommunicatione exilio deportari*. Il semble donc que le manuscrit de Paris représente un état plus avancé de cette collection, qui paraît n'y avoir passé qu'après avoir reçu certaines additions.

Ici se présente un autre titre : *Incipiunt capitula de epistolis apostolicis excerpta de modis accusationum*. Suit une autre série pseudo-isidorienne, commune à notre manuscrit et au manuscrit de Paris et analysée ci-dessus (p. 365) ; il lui manque seulement le chapitre 1 du manuscrit de Paris. Cette série occupe dans le manuscrit de Milan les numéros 138-148.

Vient ensuite (n° 149) la série de canons qui est comprise dans la lettre apocryphe de Félix II (Hinschius, pp. 486-488). Elle comprend 19 canons ; les canons 1-10 se trouvent dans le manuscrit de Paris (Voir ci-dessus, p. 366). Tous ces canons ont trait aux accusations.

A la suite de cet ensemble de textes, si étroitement apparentés à ceux du manuscrit latin 2449 de la Bibliothèque Nationale, le compilateur a placé un fragment d'une lettre de saint Augustin (epist. CLXXXV de l'édition des Bénédictins), souvent invoqué par les défenseurs de l'opinion la moins sévère à l'égard des clercs *lapsi* [1] ; ce fragment était cité par eux à côté de la lettre d'Isidore de Séville *ad Masonem*. Remarquez que c'est la seconde fois que ce passage apparaît dans notre recueil : évidemment il semblait important à l'auteur, dont il attira l'attention comme il avait attiré celle d'autres partisans de la réforme. On sait que la collection du faux Isidore se montre sur ce point plutôt favorable à la doctrine indulgente.

IIme DIVISION

La IIe division du livre II, traitant des biens ecclésiastiques, commence au fol. 52, avec le chap. 150.

---

[1] Cf. Bened. Lev., *Additio IV*, c. 6. Dans notre manuscrit, le texte s'arrête à *mansit*. Ce passage a déjà été relevé plus haut, voir p. 380, note 5.

Elle s'ouvre par trois textes pseudo-isidoriens [1] qui ne se retrouvent pas dans la collection dite de Remedius (ch. 150-152). Viennent ensuite :

Sans indication de source, le canon 22 du concile de Meaux de 845, sur les précaires ecclésiastiques (ch. 153) [2] ;

Sous la fausse inscription *ex concilio Arvernensi, cap. XII*, le canon 13 du concile d'Orléans de 538, contre l'aliénation des biens ecclésiastiques (ch. 154) [3].

Deux textes très brefs du faux Isidore qui, réunis, constituent le ch. 155 [4].

Puis les chap. 156 et 157 qui, réunis, forment un long fragment d'un mémoire ou d'un canon de concile que je n'ai pu identifier. On y trouve enchâssés un certain nombre de textes importants, dont voici l'énumération :

Le fragment s'ouvre, sans aucune introduction, par la première phrase *(Quæ sunt ecclesiæ......)* du canon 24 d'Antioche dans son texte dionysien [5]. Puis l'auteur passe à un texte de Nicolas Ier, par la transition suivante : Quod et Nicholaus memorabilis papa Hrothado episcopo venerabili eodem statuit atque roboravit tenore intemerabili, inquiens, ita ut secundum sacrorum canonum............. amovimus. (Fragment de la lettre de Nicolas Ier à Charles le Chauve, à propos de Rothade, évêque de Soissons. Jaffé-Wattenbach, n° 2783) [6].

Suivent des textes tirés des recueils isidoriens, savoir :

Pseudo-Étienne : Clericus ergo........ serviendus (H., p. 186.)
Sans nom d'auteur : Laicis, quam....... facultas (Bened. Lev., I, p. 403).
Pseudo-Fabien : Si in rebus.......... immisceant (H. p. 162-163.

Quorum auctoritatem a sepe nominando domino Apostolico Nicholao mandatam (?) omnibus sanctæ Dei ecclesiæ filiis suffragari et verissime scimus et certissimè unum cum tanto capite nostro sentientes sequimur nosque secuturos fore fatemur. Non enim latebant hunc tantum virum tanta reverentia venerabilem sanctorum predecessorum suorum inconvulsa summe auctoritatis precepta ac inrefragabilia divinæ sanctionis instituta. Qui illud Simmachi pape ad Eonium epis-

---

[1] Voici l'indication de ces trois textes :

1. Non tollendas res ecclesiæ. Ex epistola Anacleti papae. Ergo qui Christi pecunias..... sacrilegium facit. (H., p. 73).

2. Ne prædia ecclesiastica aliquis tollat et suis usibus applicet. Ex epistola Pii papae. Ad Sedem autem Apostolicam..... sacrilegus judicatur. (H., p. 118).

3. Quod non sit gravius peccatum fornicatio quam sacrilegium. Ex eadem epistola. Non ergo gravius..... quam fornicari. (H., p. 119).

[2] Boretius, *Capitularia*, II, p. 404.

[3] Maassen, *Concilia*, p. 77.

[4] Le premier, *Ad Sedem Apostolicam*, répète un fragment du précédent extrait de Pie Ier. Voici les indications relatives au second : Item Calisti pape. Quoniam res omnes pariter tute..... auctoritas.

[5] Il est cité par Hincmar, *Patrologia latina*, CXXV, c. 1043.

[6] *Patrologia latina*, CXIX, c. 896. A la fin du texte, dans l'édition, *abjicimus* au lieu de *amovimus*.

copum sicut et cætera quæque recoluit et officiose exercuit, ubi ait : Quanta enim vicariis......... gesserit. (Fragment de la lettre du pape Symmaque à Eonius, évêque d'Arles; Jaffé-Wattenbach, n° 754, sur le respect que les pontifes doivent avoir pour les décisions de leurs prédécesseurs)[1].

Puis est inséré un fragment de S. Léon, bien connu et souvent cité[2] (*Hoc itaque admonitio vestra*...... ch. 5 de la lettre aux évêques de Campanie; Jaffé-Wattenbach, n° 402) ; ce fragment a le même objet que l'extrait de Symmaque.

L'auteur fait ici une transition à des citations nouvelles : Ergo quid de rerum pervasione ac defraudatione suprascriptus papa sentiat Anacletus cum aliis sanctis et apostolicis patribus prosequamur :

Ici figurent les citations de pseudo-Anaclet : *Qui abstulerit.........*; de pseudo Urbain. *Res ecclesiastice.........*; de pseudo-Lucius, *Rerum ecclesiasticarum......*; de S. Grégoire, *Sacrilegum......*; de S. Augustin, *Fur sacrilegus*; du concile d'Agde, c. 4, *Clerici etiam vel sæculares*....... La même série de textes se retrouve dans un écrit sur la mission de l'évêque, publié dans les œuvres d'Hincmar (*Patrologia latina*, CXXV, c. 1088 et 1089), dans un autre écrit d'Hincmar (*de causa Teutfridi presbyteri, ibid.*, c. 1112) et dans la lettre, rédigée par Hincmar, du concile tenu à Douzy en 860 (*ibid.*, CXXVI, c. 128)[3].

Tel est ce fragment qui, par les citations qui y sont produites, se rapproche beaucoup des écrits d'Hincmar de Reims. Je ne crois pas cependant qu'il faille l'attribuer à ce prélat ; il ne me paraît pas vraisemblable qu'il ait volontiers cité la lettre écrite par Nicolas Ier à Charles le Chauve, en faveur de Rothade, adversaire du métropolitain de Reims. En tout cas, l'auteur de notre fragment connaissait bien les écrits d'Hincmar et tenait en haute estime l'autorité de Nicolas Ier.

Le c. 158 de notre recueil est le dernier canon du titre XXXIX de l'*Herovalliana*, soumettant à l'autorité ecclésiastique les différends qui s'élèvent à propos des biens d'Église.

Au c. 159 commence une série de fragments empruntés au recueil de Benoît le Diacre ; ils occupent les numéros 159 à 162 ; ce sont les chapitres de Benoît, II, 404, 405, 407, 111, 112, 116 ; III, 207, 199 ; I, 182. Ici est inséré : *Et Nicholaus papa ad locum : Ita ut secundum sacrorum canonum sanctionem in potestate episcopi res ecclesiæ conveniant........ dispenset*[4]. Suit : Bened. Levita, III, 8, 135, 134 et 136. Presque tous ces textes ont trait aux biens ecclésiastiques.

Immédiatement après ces extraits de Benoît, on trouve deux fragments pseudo-isidoriens, les c. 47 et 48 de la collection dite de Remedius de Coire.

---

[1] La première partie de ce fragment du pape Symmaque est citée au moins deux fois dans les lettres d'Hincmar de Reims (*Patrologia latina*, CXXVI, c. 220 et 251).

[2] Se trouve dans la *Dacheriana*, III, 26 ; est cité par Hincmar, *Patrologia latina*. CXXV, c. 1100.

[3] Cf. l'ouvrage d'Hincmar, *Collectio de ecclesiis et cappellis*, dans la *Bibliotheca juridica medii œvi* publiée par M. Gaudenzi, II, p. 21.

[4] Lettre de Nicolas Ier à Charles le Chauve ; *Patrologia latina*, CXIX, c. 896.

Puis, sous la rubrique (c. 165) : *Hæc que sequuntur ex capitularibus regum sunt*, un certain nombre d'extraits relatifs aux biens ecclésiastiques, qui ont été puisés dans le recueil d'Ansegise, à savoir :

Ansegise, I, 77, 80, 85, 87, 88, 135, 140 à 146 ; 149, 150 ; II, 29, 30, 34, 45 ; IV, 13 et 18. Ces textes sont rangés sous les numéros 165 à 185 de notre collection.

Sous le n° 186 figure la fausse décrétale d'Urbain : *Decet omnes christianos* (Hinschius, pp. 143-146), texte important pour l'histoire du régime des biens ecclésiastiques.

Le n° 187 est fait d'un passage considérable, relatif au même sujet, de la fausse Décrétale du pape Lucius, depuis : Scriptum est enim : Melior est unus... jusqu'à : et consentientes comprehendit (Hinschius, p. 178-189).

Enfin, le livre se termine par une série de textes concernant les biens ecclésiastiques, qui sont tirés de la *Dacheriana*, à savoir : II, 59, 80 à 88, 65 à 72. Ici est intercalé un passage d'une décrétale du pape Hilaire[1] que je ne retrouve pas dans la *Dacheriana*. Puis les c. 78 et 79 du même livre II. Ce dernier fragment correspond au ch. 208 et dernier du IIe livre de notre collection.

En somme, au nombre des sources de ce second livre, nous avons trouvé, outre les trois collections de Cresconius, de la *Dacheriana* et de Remedius (qui déjà avaient à peu près exclusivement fourni les matériaux du Ier livre), l'*Herovalliana*, le commentaire de Florus sur certaines constitutions impériales, les collections de capitulaires d'Ansegise et de Benoît le Diacre et plusieurs séries pseudo-isidoriennes qui se trouvent aussi dans le manuscrit de la Bibliothèque Nationale latin 2449.

Rappelons enfin que nous avons constaté des emprunts aux œuvres d'Hincmar et de Nicolas Ier, en même temps que nous avons reconnu un des écrits les plus célèbres d'Isidore de Séville (la lettre *ad Masonem*).

IIme PARTIE

A la suite de la collection en deux livres dont je viens de donner une brève analyse, on rencontre dans le manuscrit de Milan deux séries canoniques, l'une de 133, l'autre de 167 chapitres. Ces deux séries ne sont unies par aucun lien extérieur ; mais elles traitent toutes deux d'une même matière, la pénitence et les transgressions diverses qui y donnent lieu. Non seulement elles se complètent

---

[1] Quisquis inlicitorum consecrator.... in futuro (Hinschius, p. 630).

mutuellement, mais elles complètent aussi le Ier recueil, qui ne contient aucun texte relatif à ce sujet. Je crois donc avoir le droit de les présenter comme un ensemble de textes pénitentiels, placé avec intention par le compilateur du manuscrit de Milan à la suite de sa Ire collection.

LIVRE Ier

Le Ier livre s'ouvre, au fol. 86 du manuscrit, par ces mots : *Hæc quæ sequuntur dicta sunt sancti Augustini ex libro Enchiridion sumpta.* C'est que les premiers chapitres sont taillés dans les chapitres 18 et 19 de l'*Enchidirion de fide* de saint Augustin. Au chap. 8, notre compilation rejoint naturellement la préface imprimée en tête de l'édition de la *Dacheriana, De quotidianis autem levibusque peccatis.* En effet, cette préface est elle-même tirée de cette partie de l'*Enchiridion.* Au chap. 11, une lacune se produit; des feuillets du manuscrit manquent, entre le fol. 88 et le fol. 89 de la pagination actuelle. Au fol. 89, nous nous retrouvons en plein au milieu d'extraits du Ier livre de la *Dacheriana,* au cours du chap. 49 du livre Ier, qui porte dans notre collection le n° 52 ; nous sommes donc certains que les feuillets manquants comprenaient, avec la fin de la préface, un certain nombre des chap. 1 à 48 du livre Ier de la *Dacheriana*[1]. A la suite du chap. 49 nous retrouvons, dans leur ordre naturel, les chap. 50 à 56, 58, 59, 61 à 70, 73, 74, 84, 89, 92 et et 93 du même livre Ier.

Ici est inséré, sous le nom de Nicolas Ier, un texte *de inlicitis conjunctionibus. In copulatione fidelium....* Ce texte, qui concerne l'empêchement de parenté[2], est emprunté à la lettre apocryphe de

---

[1] Par les sommaires de l'index on peut reconnaître les chapitres de la *Dacheriana.* Ainsi

31 du recueil	=	*Dacheriana* I, 1
32	=	2
33	=	16
34	=	17
35	=	18
37	=	19
51	=	48

[2] Ce texte déclare que l'empêchement de parenté s'étend *quoadusque cognatio recordatur.* Mais il y a été dit tout d'abord : *in copulatione fidelium generationum*

Nicolas Ier à l'archevêque de Mayence, faite principalement d'extraits du concile de Worms.

Alors reprennent les fragments tirés de la *Dacheriana*, I, 94, 95 à 99, 101 à 114 et 118; ce dernier porte le n° 100 dans le numérotage de notre collection.

Jusqu'ici le compilateur a emprunté au Ier livre de la *Dacheriana* les règles qui lui ont paru les plus importantes sur la pénitence, les vœux de religion, le mariage ainsi qu'un certain nombre de décisions réprouvant des faits contraires à la morale et à la discipline ecclésiastique. Maintenant il poursuit son œuvre, non plus à l'aide de la *Dacheriana*, mais de la collection en quatre livres, parfois appelée *Quadripartitus*, dont le dernier livre a été publié par Richter[1]. La série qu'il en tire s'ouvre par les chap. 88 à 92 et 99 de ce quatrième livre, qui portent, dans le recueil de Milan, les nos 101 et suiv.[2]. Elle se termine au chap. 117 du livre IV, qui porte dans notre manuscrit le n° 123. Les textes qui y sont insérés sont, pour la plupart, relatifs à l'homicide et au parjure.

Là s'arrête l'extrait du IVe livre du *Quadripartitus*. L'auteur exploite ensuite le IIIe livre de la même collection[3]. Les chapitres 124 à 133 sont formés par ce troisième livre, dont l'ordre n'est pas modifié : les textes qui y sont contenus sont consacrés aux péchés graves, notamment aux huit péchés capitaux : *superbia, vana gloria, invidia, ira, tristicia, avaricia, gastrimargia, luxuria*. On remarque, comme

---

numerum non definimus (Cf. Jaffé-Wattenbach, n° 2709 ; *Patrologia latina*, CXIX, c. 810). Dans les collections canoniques, ce texte se présente sous le nom du concile de Worms. Cf. Réginon, II, 262, et C, 35, Q, 2 et 3, c. 18. Voir aussi Sdralek, *Archiv für katholisches Kirchenrecht*, XLVII (1882), pp. 177 et s., qui a étudié spécialement ces apocryphes imputés à Nicolas Ier.

[1] Dans les publications officielles de l'Université de Marbourg pour l'année 1843-1844 (Marbourg, 1843, in-4°). Sur le *Quadripartitus*, voir Maassen, *Geschichte der Quellen und der Litteratur des canonischen Rechts*, I, p. 852, et l'article de M. Bateson, *the supposed latin Penitential of Egbert*, dans l'*English Historical Review*, 1894, 2e fascicule.

[2] Notre compilateur parait avoir éprouvé quelque prédilection pour les chapitres du *Quadripartitus* tirés *ex Pænitentiali Romano*.

[3] Ce livre III est précisément la série *de vitiis ac virtutibus* qui a été imprimée dans l'édition des œuvres de Raban Maur donnée à Cologne (tome VI, année 1627, p. 111). On la retrouve dans la *Patrologia latina*, CXII, c. 1338 et s.

dans la collection en quatre livres, des fragments très longs: ainsi le c. 124. *De gravibus mortalibusque peccatis ac criminibus eorumque pænitudine ac satisfactione* (c. 1 du livre III du *Quadripartitus*) n'occupe pas moins de onze pages dans le manuscrit.

En résumé, ce premier livre du recueil pénitentiel est fait à l'aide du livre I de la *Dacheriana* et des livres IV et III du *Quadripartitus*.

LIVRE II

Le livre II s'ouvre au fol. 107 du manuscrit par quelques lignes qui servent précisément d'*incipit* au livre II de la collection en quatre livres déjà citée : *In nomine sanctæ Trinitatis incipit liber secundus ex opusculis vel institutis catholicorum patrum breviter excerptus*. Il reproduit ensuite (ch. 1 à 15) les quinze premiers chapitres de ce même livre II [1], textes qui traitent du péché et de la pénitence. Puis, au lieu de poursuivre ses emprunts au livre II du *Quadripartitus*, il revient au livre IV dont il extrait une série de 118 chapitres contenant les prescriptions morales et disciplinaires les plus variées. Cette série commence par le ch. 206 et se continue par les ch. 8, 9, 10, etc., du livre IV du *Quadripartitus* (ch. 15, 16, 17 et 18 de notre collection [2].)

---

[1] On les trouvera dans la série des ch. 1-17 de ce livre imprimée dans l'*Amplissima Collectio* de Martène et Durand, I, p. 73.

[2] Voici l'identification de quelques textes de cette série pour servir de points de repère :

Collection de Milan.		Collection Richter.
30	=	27
31	=	30
33	=	32
46-48	=	55-57
51	=	60
52-53	=	62-63
55	=	76
59	=	130
61	=	160
63-65	=	149 151
66	=	153
67	=	154
75	=	164
76	=	167

L'auteur a pris, chemin faisant, les fragments qu'il jugeait utile de placer dans son œuvre en conservant l'ordre d'après lequel ils étaient disposés et parfois le numéro qu'ils portaient dans le recueil original. Il paraît s'être attaché à en extraire surtout des passages tirés des Pères, des décisions des papes et des conciles, ou des citations de règles monastiques.

La série provenant du IVe livre du *Quadripartitus* s'arrête au c. 142 du manuscrit de Milan qui n'est d'ailleurs autre chose que le c. 382 et dernier du *Quadripartitus*. A compter du c. 153 de notre manuscrit, nous retrouvons d'autres fragments empruntés à la seconde portion du IIe livre du *Quadripartitus*, que jusqu'ici le compilateur avait négligée. Les emprunts portent d'abord sur la série des 35 chapitres de ce livre (16 à 50) qui ont été imprimés sous le nom d'Egbert[1]. Il y est question, non des fautes les plus graves, mais des fautes d'une gravité moindre. La même observation s'applique aux quatre chapitres qui terminent le second livre du *Quadripartitus* (c. 51 à 54) et que notre compilateur a aussi placés à la fin de son livre (c. 144 à 147).

En résumé, les deux livres formant la seconde partie du manuscrit de Milan, qui contient surtout des règles morales et pénitentielles, procèdent uniquement de deux sources : le Ier livre de la *Dacheriana* et les livres II, III et IV du *Quadripartitus*. Ainsi, l'auteur se rattache aux œuvres des canonistes du IXe siècle qui ont réagi contre les textes

Collection de Milan.		Collection Richter.
77	=	169
84-86	=	207-209
90-94	=	213-217
112	=	252
115	=	256
117	=	259
122	=	263
124	=	279
127	=	296
128	=	297
142	=	371

[1] *Patrologia latina*, LXXXIX, c. 431 et s.

d'origine irlandaise, bretonne ou même anglo-saxonne, notamment contre les tarifs de pénitence qui s'étaient répândus en Occident[1]. Il est de ceux qui veulent revenir aux traditions consignées dans les anciens textes canoniques et dans les écrits des pères de l'Église.

IIIe PARTIE

Cette partie, qui occupe les feuillets 131-151, est faite de deux éléments, textes tirés des capitulaires et canons extraits pour la plupart de la collection canonique italienne dite *Anselmo dedicata*.

1er élément. — Les Capitulaires.

On trouve successivement les textes suivants :

Ansegise, 1 à 27[2].

III, 7, 9, 10, 11, 13, 17, 18, 26-28, 31-34, 37, 38, 40, 41, 43-58, 61, 64, 65, 79[3].

On lit ensuite sous le n° 65 de notre collection le ch. 8 du Capitulaire de Worms, de 829[4] qui est aussi le ch. 171 de l'*Additio IVa* de Benoit le Diacre ; sous le n° 66, le c. 29 du livre II d'Ansegise ; sous le n° 67 les ch. 21 et 22 des *Capitula* rédigés en 845 au concile de Beauvais[5].

Puis l'auteur revient au recueil d'Ansegise, dont il exploite le IVe livre. C'est ainsi que l'on rencontre les textes suivants :

Ansegise, IV, 14, 16, 17, 19, 20, 21, 22, 23 à 27, 29, 30, 33, 39, 42, 43, 66 à 69, 71, 72, 73. Ce dernier fragment correspond au ch. 92 de la série des textes qui composent cette partie de notre manuscrit.

Sous les numéros 93 et s. on trouve les ch. 7, 8, 9, 10 et 12 du *Capitulare missorum* donné par Charles le Chauve, à Soissons, en 853[6]; puis, sous le n° 98, le ch. 9 du *Capitulare missorum* donné par le même prince à Senlis, aussi en 853[7]. Vient ensuite, sous le n° 99, le texte *De pace admonemus*, qui forme le ch. 1 du livre III d'Ansegise. Immédiatement après ce fragment sont rangés, sous les

---

[1] Sur cette réaction, voir Schmitz, *die Bussbücher und die Bussdisciplin der Kirche*, pp. 712 et s.

[2] Le ch. 20 d'Ansegise, divisé en deux paragraphes, forme les nos 20 et 21 du manuscrit ; ce qui fait que 27 d'Ansegise répond à 28 du manuscrit.

[3] Le ch. 79 d'Ansegise forme le ch. 64 du manuscrit.

[4] Boretius, *Capitularia*, II, p. 13.

[5] *Ibid.*, pp. 403 et 404.

[6] *Ibid.*, pp. 269 et s.

[7] *Ibid.*, p. 275.

n°s 100 à 110, des extraits, soit du *Capitulare missorum* rendu à Worms, en 829, par Louis le Débonnaire, soit du *Capitulare pro lege habendum Wormatiense*, de la même date, à savoir :

Capitulare missorum, ch. 2 à 5, 8 et 12 [1].

Capitulare pro lege habendum, ch. 1 à 4 et 6 [2].

Sous le n° 111 de notre collection figure le ch. 7 du capitulaire d'Aix-la-Chapelle (801-813) sur les procès entre cohéritiers [3] ; puis viennent sous le n° 112, le c. 18 du concile de Chalcédoine, *de conjuratione*, dans la version dionysienne, et sous le n° 113 le canon *de delatoribus* qui est le c. 73 du concile d'Elvire [4]. Ce canon, qui se trouve au bas du fol. 141, v°, n'est pas complet. Ici encore on doit constater une lacune dans le manuscrit. Sur le recto du fol. 142, on trouve des textes canoniques qui paraissent postérieurs à ceux de la collection ; sur le verso, la table des diverses contrées et des provinces [5], d'ailleurs incomplète ; la fin s'en trouve au folio 151.

2° élément. — Canons extraits de la collection *Anselmo dedicata*.

Après un feuillet coupé nous retombons (fol. 144, v°) sur le n° 115 de notre collection, qui est un texte pseudo-isidorien extrait d'une fausse décrétale de S. Anaclet, sur la constitution des provinces : *Provinciæ autem multo ante Christi adventum*........ (Hinschius, p. 79) ; ce fragment est, par erreur, attribué à S. Clément.

Ce texte est le premier d'une série de 28 fragments canoniques (n° 115-142 du manuscrit) qui sont tous tirés de la collection *Anselmo dedicata*. Ces fragments traitent d'objets variés [6]. Ils me paraissent empruntés surtout aux cinq premiers livres de cette collection.

---

[1] Boretius, *Capitularia*, II, pp. 15 et 16.

[2] *Ibid.*, pp. 18 et 19.

[3] *Ibid.*, I, p. 171.

[4] Bened. Lev., additio IV^a, 34.

[5] « Incipiunt nomina regionum continentium infrà se provincias CXCII : Italia, Gallia.... Britannia. »

[6] Collection *Anselmo dedicata*, I, 73, d'après les manuscrits de Metz et de Bamberg.

Ch. 115 de notre manuscrit *(Provinciæ autem)*	=	*Anselmo dedicata*, I, 73
119	=	II, 172
120	=	II, 227
121	=	II, 228
122	=	II, 246
123	=	II, 249
124	=	II, 259

....

Ch. 128 de notre manuscrit	=	*Anselmo dedicata*, III, 191
129	=	III, 195

130, 131 et 132 contiennent l'exposé sur les conciles et les décrétales (Canon

Avec le ch. 142 s'arrête, d'après la table, le troisième recueil contenu dans le manuscrit de Milan. Il est fait, ainsi qu'on l'a vu, de textes pris dans les capitulaires et de quelques fragments certainement extraits de l'*Anselmo dedicata.* D'ailleurs, comme on pourra s'en rendre compte en se reportant aux textes des capitulaires indiqués ci-dessus, le contenu n'en est pas exclusivement canonique : le compilateur a recueilli nombre de fragments qui n'ont rien à faire avec le droit ecclésiastique, sans qu'on puisse se rendre compte de la pensée qui l'a guidé lorsqu'il a choisi les éléments destinés à figurer dans son œuvre.

Au fol. 150, à la suite du dernier chapitre du recueil, différentes mains du xie et du xiie siècle ont ajouté divers textes, notamment sur la primauté de l'Église Romaine, les docteurs, les mauvais princes qui *etiamsi mali non sunt degradandi,* le baptême, etc. On peut vraisemblablement constater ici la présence de plusieurs textes d'origine irlandaise [1].

Au fol. 151 se trouvent la fin de la table des provinces dont le début a été signalé plus haut, et d'une écriture du xiie siècle, les canons du concile de Plaisance tenu en 1095 sous Urbain II.

IVe PARTIE

Ce recueil, en 47 titres, porte ce titre: *Incipiunt tituli legum ex corpore Theodosiani breviter succincti.* C'est un extrait, déjà signalé par M. Conrat, de l'*Epitome Ægidii,* abrégé de la *Lex Romana Visigothorum.* Le compilateur a choisi, dans les livres I à IX du code théodosien résumés dans l'*Epitome,* 46 rubriques de titres sous lesquels il a placé les constitutions qui y sont afférentes. S'il est impossible de se rendre compte des considérations qui ont dirigé son choix,

---

grece, latine regula... Prima annotatio Anquiranæ synodi... Vicesima quarta item Lugdunensis... Silvester papa a Petro trigesimus quartus congregatis.... Gregorius secundus a Petro XCIus... alligavit), qui se trouve à la fin du livre III de l'*Anselmo dedicata.*

141 de notre manuscrit = IV, 173.

[1] Wasserschleben, *die irische Canonensammlung,* 2e édit., p. 139.

au moins faut-il reconnaître qu'il a volontairement négligé les portions de la compilation théodosienne consacrées au droit public. Le dernier titre correspond aux *Sentences* de Paul, II, 27.

Sur cette compilation, je renvoie aux études de M. Conrat[1] qui, le premier, l'a fait connaître.

A la suite des *tituli legum*, on trouve, sous le n° 48, la *Decretio Childeberti regis Francorum viri inlustri,* qui est l'édit de Childebert II (Boretius, I, 15). A ce texte sont ajoutés, sous les nos 49 et 50, les fragments suivants :

49. De die dominico. Diem dominicum similiter placuit observare... componat.
50. De raptoribus. Ex decretis Lucii papæ. Rerum ecclesiasticarum et facultatum... esse judicamus (Cf. Hinschius, p. 179).

Ici sont insérés (fol. 157 v° et 158) des fragments pseudo-isidoriens, étrangers à la collection, qui ont été introduits après coup. Vient ensuite (fol. 158 v°), écrit par une main du xe-xie siècle, qui n'est pas celle de l'auteur du manuscrit, le sermon synodal *Fratres, presbiteri et sacerdotes Domini,* maintes fois reproduit dans les manuscrits ; le lecteur consultera utilement sur cette œuvre une récente étude de dom Germain Morin[2]. Ce sermon est d'ailleurs interrompu ; le manuscrit, incomplet, s'arrête brusquement au bas du feuillet 158 v°[3].

---

[1] Voir ces études indiquées ci-dessus, p. 374, note 1.

[2] *Revue Bénédictine*, IX (1892), pp. 99 et s. Aux renseignements bibliographiques donnés sur ce sermon par Dom Morin, on peut ajouter ceux qui suivent. Ce sermon a été mentionné par Muratori, *Antiquitates Italicæ*, III, c. 89, qui le connaissait par le manuscrit de Milan, et, d'après Labbe, l'attribuait à Léon IV. Un texte bref en a été donné par M. Sdralek dans le 2e fascicule du tome Ier des *Kirchengeschichtliche Studien* de MM. Knöpfler, Schrörs et Sdralek ; ce volume est intitulé *Wolfenbüttler Fragmente* (Münster, 1891, pp. 180 et s.). Le même texte figure à la fin du titre XXXI de la partie IV de la collection en dix parties dont on trouve un exemplaire dans le manuscrit latin de la Bibliothèque nationale 10,743 (Cf. *Les Collections canoniques attribuées à Yves de Chartres,* Paris, 1898, p. 154). On trouve d'ailleurs dans une foule de manuscrits ce sermon qui, exposant en bref les devoirs des membres du clergé, me semble présenter bien des traits qui rappellent l'époque carolingienne ; cependant je dois faire observer que Dom Morin incline à croire exacte l'attribution qu'en fait un manuscrit de Munich à saint Césaire d'Arles.

[3] Les derniers mots du sermon synodal compris dans ce feuillet sont : Martyrologium et penitentialem habeant. De ordinandis profecto....

Le moment est venu d'essayer de résoudre quelques-unes des questions que soulève le manuscrit de Milan, et tout d'abord de déterminer le caractère de la collection qu'il contient.

Cette collection nous apparaît comme une sorte d'encyclopédie juridique où sont réunies, sans beaucoup de méthode, les prescriptions à l'usage des laïques et celles qui concernent uniquement les membres du clergé. Les textes qui y sont insérés proviennent non seulement des recueils canoniques, mais aussi de recueils qui appartiennent au domaine du droit séculier, tels que l'*Epitome Ægidii* ou les Capitulaires. Ainsi la collection de Milan offre quelque analogie avec une autre collection (dont elle diffère cependant par plus d'un trait), l'*Anselmo dedicata,* originaire, ainsi qu'il résulte de ce qui sera exposé plus loin, de la même région et de la même époque. Comme notre recueil, l'*Anselmo dedicata* présente un ensemble de textes canoniques et civils empruntés aux décisions des conciles, aux décrétales et aussi au droit romain ; il est vrai que ce droit romain est celui des compilations de Justinien et non, comme dans le manuscrit de Milan, celui de la législation théodosienne.

Considérons maintenant la portion exclusivement canonique (c'est de beaucoup la plus considérable) du recueil de Milan. Elle laisse voir clairement les tendances de l'auteur ; sans aucun doute, il appartenait au parti réformateur. D'une part, la collection de Milan met en lumière la plupart des principes dont s'était inspiré le faux Isidore : primauté du Siège Romain qui seul a le pouvoir de trancher les causes majeures et de valider les décisions des conciles régionaux ; gouvernement de la province ecclésiastique par l'action commune et concertée du métropolitain et des suffragants ; observation scrupuleuse de la législation canonique sur les élections épiscopales ; application stricte des règles de la procédure canonique d'accusation ; immunité judiciaire des personnes ecclésiastiques et surtout des évêques ; défaveur marquée aux chorévêques qui sont ou supprimés ou réduits au rang des prêtres ; respect absolu des biens de l'Église : indissolubilité du mariage ; répression du rapt et de l'inceste. D'autre part, on a déjà fait remarquer le soin que prit le compilateur de n'admettre, en fait de fragments pénitentiels, que des textes consacrés par la tradition, et d'écarter les innombrables décisions introduites dans la circulation par les recueils celtique ou anglo-saxons. A ce point de vue, comme à tous les autres, il s fait le continuateur de l'école réformatrice qui exerça une action s profonde au IXe siècle.

Il paraît bien qu'il faut lui attribuer une opinion franchement accusée sur une question canonique qui fut vivement discutée a IXe siècle ; cette opinion est mentionnée dans plusieurs notes marginales contemporaines du manuscrit. Se fondant sur plusieurs texte de l'antiquité dont le plus important est une décrétale célèbre d pape Gélase[1], certains évêques réclamaient pour leur propre compt le quart des revenus et des oblations afférents à toutes les églises d leur diocèse, même aux pauvres églises des districts ruraux. Déj Hincmar s'était mis en devoir de réfuter ces prétentions exorbitante de quelques-uns de ses collègues, dans un de ses écrits récemmen mis au jour[2] ; à la décrétale de Gélase dont des hommes cupide donnent une interprétation abusive, il répond en invoquant le 2e canon du IIe concile de Braga[3] et le 4e canon du VIIe concile de Tolède[4], qui réduisent à une limite très étroite les droits des évêques. En 874, c'est-à-dire au temps même où vivait Hincmar, ces règles destinées à réprimer les exactions des prélats avaient été rappelées à l'épiscopat franc au concile d'Attigny[5], à l'occasion de querelles soulevées dans les églises du Nord de l'Espagne. Poussé par la même pensée, notre compilateur (ou un de ses contemporains) a ajouté en marge du

---

[1] Ch. 29 de la décrétale de Gélase aux évêques de Lucanie. Jaffé-Wattenbach, n° 636 ; Hinschius, p. 654.

[2] Voir l'écrit d'Hincmar adressé à Charles le Chauve, dont le texte a été publié par M. Gundlach : *Zwei Schriften Hinkmar's von Reims*, dans la *Zeitschrift für Kirchengeschichte* de Brieger (1889). p. 127. Joignez-y un autre passage d'Hincmar tiré d'une lettre écrite au clergé et aux fidèles de Laon, en 877 ; *Patrologia latina*, CXXVI, c. 273.

[3] Hinschius, p. 424.

[4] *Ibid.*, p. 382.

[5] Boretius, *Capitularia*, II, p. 459. Dès 829, cette question avait appelé l'attention des évêques de l'Empire franc qui s'étaient efforcés de réprimer la cupidité de quelques-uns d'entre eux. Cf. *ibid.*, II, p. 32 (8). Sur ce point, voir Stütz, *Geschichte des kirchlichen Benefizialwesens* (Berlin, 1895), I, p. 242, note 22 ; p. 323, note 81.

canon de Braga[1] : *Istud concilium à cunctis est laudandum.* Plus loin, en marge de la décrétale de Gélase[2], réservant à l'évêque le quart des recettes, on lit : *Ubi unus presbiter est, nequaquam ista observari possunt. Aliter vero videtur esse contrarium Bracarinse concilium quod ubique et per omnia recipitur.* C'est un rappel fort clair au concile de Braga. Plus loin encore, en marge d'une lettre du pape Simplice[3], où est mentionnée la règle de la répartition en quatre parties, on peut lire : *Hoc capite ostenditur de monasteriis ubi plures clerici sunt IIII portiones fieri, non de tali ecclesia ubi vix presbiter sustentari et luminaria ministrare et sarta tecta restaurare valet.* Visiblement, notre auteur était disposé à défendre les droits des petites églises et des prêtres de campagne.

Ce n'est pas cependant qu'il puisse être considéré comme un contemporain d'Hincmar; il lui est certainement postérieur d'une génération. Le document le plus récent de ceux auxquels il a puisé est la collection *Anselmo dedicata*, qui, d'après toutes les vraisemblances. fut rédigé en Lombardie entre 883 et 897. Il est donc certain que notre collection ne peut être antérieure aux dernières années du IXe siècle; il n'y a d'ailleurs aucune bonne raison de la croire de beaucoup postérieure à l'an 900[4].

Il est plus difficile de fixer la patrie du recueil de Milan. M. Conrat la considère comme française[5], à cause de l'origine des sources qui y ont été mises à contribution, à savoir: les constitutions dites *Sirmondicæ*, accompagnées du commentaire de Florus, le Bréviaire d'Alaric

---

[1] Ch. 205 du livre II de la première partie (*Dacheriana*, II, 72.)

[2] *Ibid.*, ch. 208 (Jaffé-Wattenbach, n° 636; *Dacheriana*, II, 78.)

[3] *Ibid.*, ch. 209 (Jaffé-Wattenbach, n° 570; *Dacheriana*, II, 79.)

[4] D'après une note du XVIIe ou du XVIIIe siècle qui se trouve au fol. 15 v°, le manuscrit serait de la main d'un scribe dont on conserverait un acte écrit en 880, dans les Archives de la basilique de Saint-Ambroise (Patetta, dans l'*Archivio Giuridico*, XLVII. année 1891, p. 13). Le renseignement donné par cette note ancienne est fort problématique, mais en soi il n'est pas invraisemblable. Un scribe pouvait écrire un acte en 880 et transcrire un manuscrit vers 900.

[5] Conrat, *Geschichte der Quellen und Litteratur des römischen Rechts*, I, p. 227. On pourrait peut-être tirer en ce sens argument de ce que la table des provinces contient, outre le dénombrement des régions et des provinces, le dénombrement *provinciarum et civitatum in provinciis gallicanis.*

sous la forme abrégée de l'*Epitome Ægidii*, la collection d'Ansegise celle de Benoît le Diacre, celle du faux Isidore. Ce sont là autant d'œuvres nées et répandues sur le sol de la France. Cette raison ne me paraît pas péremptoire.

En effet, il n'est aucune de ces œuvres qui n'ait pu être connue dans l'Italie du Nord au début du xe siècle. D'après les études récentes de M. Patetta, l'*Epitome Ægidii*[1], aussi bien que la collection d'Ansegise[2] y a été employé à cette époque ou à une époque antérieure : tout fait présumer que le recueil des Faux Capitulaires de Benoît le Diacre a partagé le sort du recueil authentique d'Ansegise. Quant aux Fausses Décrétales, nous savons, à n'en pouvoir douter, qu'elles avaient de bonne heure franchi les monts ; c'est ainsi qu'elles fournirent nombre de textes aux polémistes qui, en Italie dans les premières années du xe siècle, défendirent la validité des ordinations accomplies par le pape Formose.

Non seulement nous n'avons pas de motif suffisant pour attribuer notre manuscrit à une région non italienne, mais des considérations assez graves nous amènent à placer son pays d'origine en Italie. D'abord, ce manuscrit, comme le prouve l'ex-libris placé au fol. 15, appartenait, au xive siècle, ou tout au moins dès le début du xve, au monastère de Saint-Denis de Milan. Or, avant cette époque, on ne transférait guère d'une contrée à une autre les manuscrits canoniques ; il y a donc bien des chances pour qu'un manuscrit de ce genre, conservé en Italie vers 1400, soit d'origine italienne. En outre, on y emploie la collection *Anselmo dedicata* qui, selon toutes les probabilités, a vu le jour à Milan c'est dans le Nord de l'Italie surtout que cette collection pouvait être connue à une époque voisine de l'an 900. Enfin, les extraits du Bréviaire d'Alaric sont, dans le manuscrit de Milan, accompagnés d'une glose conçue en ces termes : « *Hæc capitula a Karolo primo et Pippino filio ejus inter leges Francorum recepta et posita sunt*[3]. » Il s'agit évidemment de Charlemagne et de Pépin, son fils, roi d'Italie, qui mourut en 810. Cette glose signifie sans doute que les extraits du Bréviaire avaient reçu force de loi en Italie, non pas pour les Italiens d'origine

[1] Patetta, *Il Breviario Alariciano in Italia*, dans l'*Archivio Giuridico*, XLVII (1891)

[2] Patetta, *Sull' introduzione in Italia della collezione d'Ansegiso*, dans les *Atti della R. Academia delle Scienze di Torino*, XXV, séance du 29 juin 1890.

[3] Cf. Conrat, *op. cit.*, p. 13.

mais pour les individus originaires de la Gaule qui y demeuraient en assez grand nombre. En tous cas, elle est écrite, en vue de l'Italie, par un scribe italien.

J'incline donc à penser que notre collection, comme le manuscrit qui la contient, est une œuvre italienne. Remarquez qu'elle date d'une époque très voisine de 900. Or, en ce temps, plus qu'en aucun autre, il était naturel que les recueils juridiques originaires des Gaules fussent répandus en Italie. Non seulement, depuis près d'un siècle et demi, l'Italie a été gouvernée par des souverains francs, mais encore ils y ont attiré après eux nombre de membres de l'aristocratie franque. Quand, après 888, Guy de Spolète, franc d'origine, dispute à Bérenger la couronne d'Italie, ses adversaires lui reprochent amèrement sa nationalité ; « de fait, il fut soutenu par les Francs et particulièrement par les seigneurs de Bourgogne et de l'Autunois[1] ». Plus tard, quand, après la mort de Lambert de Spolète, le fils de Guy, les adversaires de Bérenger eurent besoin d'un autre prétendant, ce fut Louis III, fils de Boson, roi d'Arles et de Provence, qui, en 900, se présenta pour ceindre la couronne impériale. Cette tradition ne devait point se perdre; un quart de siècle après la tentative de Louis III, en 926, on vit Hugues de Provence se faire proclamer roi d'Italie et y conférer des charges importantes du royaume à des personnes de sa famille ou de sa nation. L'histoire de cette période nous montre clairement que les relations étaient alors très fréquentes entre le Nord de l'Italie et les régions qu'arrosent la Saône et le Rhône; les aristocraties ecclésiastiques et laïques de ces deux pays avaient maintes occasions de se pénétrer. Les circonstances étaient donc favorables à la diffusion en Italie des œuvres juridiques qui circulaient en Gaule.

CONCLUSION

De cette étude sur trois recueils canoniques du début du xe siècle, dont deux sont originaires du pays Burgonde, tandis que le troisième paraît provenir de l'Italie du Nord, essayons de dégager en

[1] E. Bourgeois, *le Capitulaire de Kiersy-sur-Oise*, p. 95.

quelques mots les faits qui présentent le plus d'intérêt, soit pour l'histoire des institutions canoniques, soit pour l'histoire des sources de la législation ecclésiastique.

Par la nature des prescriptions qui y sont multipliées, nos recueils, œuvres d'auteurs dévoués à la cause de la réforme de l'Église, nous font apparaître nettement le plus grave des maux auxquels ces réformateurs s'efforçaient de porter remède. A cette époque, il arrive que des hommes ambitieux ou cupides recherchent les hautes dignités ecclésiastiques, pour s'emparer du riche patrimoine dont elles sont dotées et l'employer à la satisfaction de leurs intérêts personnels. Au premier rang des personnes que guident ces pensées coupables, il faut signaler les membres de l'aristocratie; trop souvent, ils voudraient joindre à l'influence que leur donne leur fortune territoriale celle qu'ils espèrent tirer d'un titre conférant à eux-mêmes ou à un de leurs parents le gouvernement des domaines de l'Église. Ainsi, évêchés et abbayes semblent n'avoir été institués que pour donner un nouvel éclat et une autorité plus grande aux nobles et aux puissants.

Pour réaliser leurs desseins, princes et seigneurs savent fort bien, lorsqu'un évêché devient vacant, substituer à l'élection canonique la désignation directe qu'ils font d'un candidat agréable, sauf à employer la violence, s'il est nécessaire, pour le faire triompher. C'est pour parer à ce danger que nos recueils, à la suite des compilations pseudo-isidoriennes, mettent tant d'insistance à déclarer illégitime et intrus l'évêque qui n'aurait pas été régulièrement et librement élu, sans intervention abusive du pouvoir séculier. — En outre, princes et seigneurs, s'appuyant souvent sur des complices qu'ils trouvent dans le clergé, prennent à tâche de multiplier les vacances en expulsant ou en déposant les évêques qui leur déplaisent. Pour conjurer ce péril, nos recueils s'attachent à faire connaître, en les répétant maintes et maintes fois, les règles très strictes et protectrices des accusés auxquelles est assujettie la procédure criminelle qui doit être employée contre les évêques et clercs, et proclament à l'envi que les évêques et clercs sont seulement justiciables de la juridiction ecclésiastique; bien plus, les causes des évêques, qui sont des causes majeures, ne peuvent être jugées définitivement que par le Pontife Romain. — Enfin, non seulement les séculiers cherchent à s'emparer des évêchés, encore usurpent-ils par tous les moyens les iens ecclésiastiques, qui sont le véritable objet de leur convoitise; 'est pourquoi nos recueils réitèrent les anathèmes contre les usurpa-eurs et mulplient les prescriptions destinées à réprimer leurs ten-atives.

Sans doute on trouve dans nos recueils une foule d'autres prescrip-ions. Ici, il s'agit de rétablir la discipline parmi les clercs, là, de ombattre l'institution des chorévêques, ces coadjuteurs commodes ui permettent aux pasteurs négligents de se désintéresser de leurs rebis; plus loin, on s'efforce d'assurer l'indissolubilité du mariage et le condamner les rapts et les incestes; ailleurs encore on se préoc-upe de diminuer l'influence des Juifs, afin de sauvegarder la pureté le la foi chrétienne. Mais pour accomplir cette œuvre il faut avant tout n clergé, et surtout un épiscopat qui comprenne sa mission et l'accepte vec dévouement : *Quod si sal evanuerit, in quo salietur?* Pour cela, l est nécessaire d'affranchir les évêques des liens de la chair et du ang; il est indispensable de les rendre indépendants de toute consi-lération d'ordre temporel. Alors la sève chrétienne circulera de nou-eau dans le corps du clergé et par lui sera communiquée aux fidèles. Voilà, si je ne m'abuse, la pensée dominante de nos recueils, comme 'était la pensée dominante des réformateurs du IXe au XIe siècle.

Pour atteindre ce but, ils eurent recours aux textes du droit cano-ique. Au temps où furent composés nos manuscrits, c'est-à-dire vers 'an 900, on a fait couramment usage des apocryphes pseudo-isidoriens, ant en Italie qu'en France ou en Germanie; ces textes [illegible]t connus, soit lirectement, soit par l'intermédiaire de séries d'extraits plus ou moins épandues. Au surplus, on usait encore d'autres apocryphes : par xemple de la fausse décrétale de Nicolas Ier à l'archevêque de Mayence, les pseudo-canons d'anciens conciles dont nous avons donné le texte, les pseudo-canons du concile de Thionville et de beaucoup de docu-nents analogues dont ce n'est pas ici le lieu d'établir la liste. Toute-ois, ce serait une erreur de croire que les apocryphes aient fait dispa-aître les textes authentiques. Partout, à cette époque, on utilise les nciennes collections; nos recueils en fournissent la preuve, puisqu'à ôté des emprunts qu'ils font aux apocryphes, ils sont en partie extraits le Cresconius, de la *Dacheriana*, de l'*Herovalliana*, des écrits de Florus ou de la collection d'Ansegise. Visiblement, pour accomplir eur œuvre, les réformateurs, faisant flèche de tout bois, s'efforcent l'accabler leurs redoutables adversaires sous une avalanche de textes, qui sont en réalité ou tout au moins semblent empruntés à diverses époques de l'antiquité ecclésiastique. Au xe siècle, comme au IXe et au XIe, la réforme se présente volontiers sous l'aspect d'une restauration.

www.ingramcontent.com/pod-product-compliance
Ingram Content Group UK Ltd.
Pitfield, Milton Keynes, MK11 3LW, UK
UKHW020347250726
13967UKWH00005B/2166